책세상문고·고전의 세계

사단칠정을 논하다

論四端七情書

책세상문고·고전의 세계

사단칠정을 논하다
論四端七情書

이황 · 기대승 지음
·
임헌규 옮김

책세상

일러두기

1. 이 책은 《퇴계전서退溪全書》 중에서 퇴계 이황이 고봉 기대승과 사단·칠정에 관해 논쟁한 주요 서신들을 발췌·번역한 것이다.

2. 성균관대학교 대동문화연구원에서 1997년에 간행한 《퇴계전서》를 저본으로 하고 사단법인 퇴계학연구원의 《정본퇴계전서定本退溪全書》(2005~)와 한국학중앙연구원에서 1980년에 간행한 《도산전서陶山全書》, 한국고전번역원의 한국고전종합DB의 자료를 참조했다.

3. 《퇴계전서》는 퇴계의 서간을 먼저 제시하고 이전에 고봉이 보낸 서간을 부록으로 실었지만, 이 책에서는 먼저 쓰인 서간을 앞에 배치했다. 또한 《퇴계전서》에는 나오지 않지만 《고봉집高峯集》에 실려 있는 중요한 서간 두 편도 번역해 게재했다.

4. 기본적으로 직역을 원칙으로 하고, 가능한 한 원문에서 한 글자도 빠뜨리지 않으려고 노력했다. 단, 필요한 경우 옮긴이가 보충한 말이나 짤막한 설명은 ( ) 안에 넣었다.

5. 주는 모두 옮긴이주이며 후주 처리했다.

6. 인명과 서명은 처음 한번에 한해 한자를 병기했고, 그 외 필요한 경우 한자를 병기하되 음이 같은 경우는 바로 병기했고, 음이 다르고 뜻만 같은 경우는 ( ) 안에 넣어 병기했다. 철학 용어는 가급적 통용되는 것을 쓰되, 이理는 이치로, 기氣는 기운으로, 성性은 본성으로, 그리고 정情은 감정으로 번역했지만, 맥락에 따라 부득이한 경우 그대로 쓰기도 했다.

들어가는 말

퇴계退溪 이황李滉(1501~1570)은 조선조 유학을 대표하는 학자다. 그는 온아한 인품과 개방적인 자세로 끊임없이 학문에 정진해 일가一家(영남학파)를 이루었다. 퇴계의 생애는 일반적으로 세 시기로 구분되는데, 출생부터 문과에 급제하기 전인 33세(중종 28년)까지의 제1기 수학기, 34세에 급제한 이후 49세에 사직서를 올려 관직에서 물러나기를 청할 때까지의 제2기 출사기, 그리고 50세에 낙향하여 계곡에 기거하면서[退居溪上] 임금의 부름에 거의 응하지 않고 강학에 열중하다가 70세에 세상을 떠날 때까지의 제3기 강학기가 그것이다. 이 세 시기를 거치는 동안 퇴계는 많은 아픔을 겪었다. 태어나 몇 달 되지 않아 아버지를 여의고 홀어머니 슬하에서 성장했고, 어렸을 때 학문에 너무 열중한 나머지 건강을 잃어 평생 지병으로 고생했으며, 결혼하고 그리 오래지 않아 상처喪妻했다. 비교적 늦은 나이(34세)에 출사한 후에는 사화士禍로 인해 명망이 높던 친형 해瀣를 잃었고 자신은 모함에 빠지기도 했다. 그렇지만 그는 이러한 어려움에도 불구하고 성인이 되는 학문에 뜻을 두고 정진하면서 후학을 양성하며 훗날을 기약했다. 그래서 퇴계가 사망한 후 기록된 그에 대한 종합적인 평가인 〈졸기卒記〉에는 다음과 같이 기록되어 있다.

비록 늙은 어머니를 위하여 과거를 통해 벼슬을 하기는 했으나, 명망이 높아지기를 좋아하지는 않았다. 을사년 난리에 거의 불측한 화에 빠질 뻔하고 권간들이 조정을 어지럽히는 꼴을 보고는 되도록 외직에 보임되어 나가고자 했고, 얼마 후 형 해가 권간을 거슬러 억울한 죽음을 당하자 그때부터는 물러가 숨을 뜻을 굳히고 벼슬에 임명되어도 대부분 나가지 않았다…겸양하는 뜻에서 감히 작자作者로 자처하지 않아 특별한 저서는 없으나, 학문을 강론하고 수응한 것을 붓으로 쓰기 시작해 성인의 가르침을 밝히고 이단을 분별했는데, 논리가 정연하고 명백해 학자들이 믿고 따랐다.1

퇴계의 인물됨과 생애에 대해서는 이 정도로 갈무리하려 한다.2 철학자는 오로지 그의 저서로 말한다고 했듯이, 그의 인간됨에 대해서는 그의 글이 말해준다고 생각한다. 다만 여기에 더해 조선조 유학사에서 퇴계와 쌍벽을 이루는 율곡栗谷 이이李珥(1536~1584)의 다음과 같은 글을 붙인다.3

이황 선생은 성품과 도량이 온순하고, 순수하기가 옥과 같았다. 성리학에 뜻을 두고, 젊었을 때 과거에 급제해 발신發身했으나, 벼슬하는 것을 즐기지 않았다. 을사사화 때에 이기李芑4가 선생의 명예를 시기해 관작을 삭탈하라고 주청했으나, 많은 사람들이 억울한 일이라 했으므로, 이기는 관작을 도로 회복시키는 주청을 올렸다. 선생은 간신배들이 정권을 잡는 것을 목도하고 더욱 조정에 서고자 하는 뜻을 버렸다. 그래서 관직에 제수되었지만 나아가지 않는 경우가 허다했다. 명종은 선생이 담담하게 물러나자 이를 아름답게 여겨서 그 품계를 여러 번 올려 자헌대부에 이르렀다.

예안의 퇴계에 복거卜居하면서 스스로 퇴계라고 호를 지었다. 먹는 것과 입는 것은 겨우 만족할 정도였지만, 담박한 것에 맛을 들여, 권세와 이익, 그리고 영화 따위는 뜬구름처럼 여겼다. 만년에 도산에 집을 지으니, 자못 은자의 정원과 같은 흥취가 있었다. 명종이 말년에 불러올리는 명령을 여러 차례 내렸지만, 확고하게 사양하고 나아가지 않았다. 이에 명종은 가까이 있는 신하에게 "현인은 초빙해도 오지 않는다(招賢不至)"라는 시제詩題를 내려 시를 지으라고 하고, 또한 화공에게 선생이 기거하는 도산을 그려 올리도록 영을 내렸다. 명종이 선생을 우러러 사모함이 이와 같았다.

선생의 학문은 의리가 정밀하여 한결같이 주자의 가르침을 따랐다. 여러 학설들의 같음과 다름을 소상하게 알고 조리 있게 통달했으나, 모두 주자의 학설로 절충했다. 선생은 한가히 홀로 기거하면서 전분典墳5 이외에 다른 것에는 마음을 두지 않았고, 때로는 물과 돌 사이를 소요하면서, 성정性情을 읊조리며 엄숙하게 있거나 흥취에 취해 신명을 냈다. 배우는 이들이 물으면 곧바로 터득한 것을 전부 일러주었지만, 사람들을 불러 모아 사도師道로 자처하지 않았다. 평상시에도 긍지에 힘쓰지 않아, 다른 사람과 크게 다르지 않은 듯했다. 그러나 선생은 출처와 진퇴, 사양하기와 수용하기, 그리고 주고받음에 있어서는 털끝만큼의 어긋남이 없었다. 그래서 다른 사람이 마땅하지 않은 무엇을 보내면, 끝내 받지 않았다.

금상今上6이 즉위한 초기에 조야朝野에서는 지극한 정치가 실현되기를 바랐고, 선비들의 공론은 모두 선생이 아니면 성스러운 덕을 성취할 수 없다고 했으며, 임금 또한 선생을 촉탁할 뜻이 있었다. 그러나 선생은 세상이 쇠하여 풍속이 말단에 이르렀고, 유자儒者가 무엇을 하기가 어렵고, 임금의 마음이 정성스럽게 바른 정치를 구하지 않고, 또한 대신들도 학식이 없어서 무엇 하나 시도해볼 만한 것이 없음을 목도하고는, 간절히 작록을 사양했다. 기필코 물러나 도산으로 귀환한 뒤에는 시정時政에 대해 언급하지 않았다. 세상의 여론은 선생이 다시 나오기를 바라고 있었지만, 갑자기 돌아가시니 향년 70세였다. 조야에서 모두 애통해했다. 임금은 부고를 듣고서 너무도 슬퍼하며 영의정으로 추증하고, 일등의 예로써 장사 지낼 것을 명했다. 아들 준寯은 선생의 유언에 따라 예장을 사양했지만, 조정에서 허락하지 않았다. 태학의 여러 유생들이 제물을 갖추고 제문을 지어 가서 제사를 지냈다.

선생은 비록 별다른 저서는 남기지 않았으나, 의론하는 가운데 성인의 지혜를 발휘했고, 현인의 가르침을 밝히고 드높였음이 널리 알려져 있다. 중종 말년에 처사處士로서 화담花潭 서경덕徐敬德7이 도학으로 명망이 높았지만 그의 이론은 기운을 이치로 인식한 것이 많았다. 그것을 병통으로 여긴 선생이 낱낱이 변별해 말하니, 그 말과 뜻이 명쾌하고 통달한 것이어서, 배우는 자들은 모두 신뢰하고 온당하게 여겼다. 선생은 유학의 종장宗匠이 되어, 조정암趙靜菴8 이후에 그와 비견할 만한 사람은 없었다. 재주나 그릇은 혹 선생이 정암에게 미치지 못할지 모르나, 의리를 깊이 궁구하여 정미精微를 다함에 있어서는 정암이 선생에게 미치지 못할 것이다.

이것이 바로 자신보다 36년 앞서 태어난 퇴계를 흠모해 직접 도산서원에 내려가 배알하고, 수차례 퇴계와 서신을 교환하며 사림의 출처와 학문에 대해 토론하고, 나아가 퇴계의 학문을 비평하기도 했던 율곡이 퇴계가 세상을 떠난 뒤 그의 삶과 학문에 대해 종합적으로 내린 평가다.

퇴계의 학문을 전하는 문헌은 여러 가지가 있지만, 사단·칠정을 이치와 기운에 분속하는 문제에 대해 논한 서간들이 가장 중요하다는 점에 대해서는 이견이 없을 것이다. 이 서간들은 당시 거의 60세로 학계의 종장으로 존숭받던 퇴계가 30대 초반의 신진 학자인 고봉高峯 기대승奇大升(자는 명언明彦)에게 "사단의 발현은 순수한 이치 때문이니 선하지 않음이 없고(四端之發 純理故無不善), 칠정의 발현은 기운을 겸하기 때문에 선과 악이 있다(七情之發 兼氣故有善惡)"라는 자신의 입론에 오류가 없는지를 겸손히 묻는 서간으로 시작된다. 퇴계의 서간을 받은 고봉은 수많은 전거를 찾아 사색에 사색을 거듭한 끝에 정성을 다해 답변한다. 답변을 받은 퇴계는 다시 자신의 이론에 오류가 있는지 스스로 검토해, 수정할 것은 수정하고 반론할 것은 반론하는 서간을 보낸다. 고봉 또한 다시 받은 퇴계의 서간을 문장 하나, 글자 하나 빠뜨리지 않고 검토해 양자 간의 차이점과 합의점을 변별하여 또 서간을 보낸다. 이들은 무려 8년간 이런 과정을 반복하면서 마침내 합의점을 도출해냈고, 서로에게 만족감을 표시하는 서간을 보냈다.

　이들은 왜 이렇게 했을까? 식을 줄 모르는 진리에 대한 열정, 선善에 대한 뜨거운 사랑이 있었기에 이와 같은 논쟁이 가능했을 것이다. 사단칠정론, 그것은 불굴의 탐구 정신으로 진리와 완성된 인격체(성인聖人)를 지향하는 내재적인 덕德의 실제적 현시로서, 고전적 지혜 사랑의 전형이라 할 수 있다. 바로 이런 이유에서 우리는 사단칠정론을 조선조 최대의 지성적 사건이라고 말하는 것이다. 사단칠정론은 체계적으로 구성된 철학적 성과가 아니라, 퇴계와 고봉이 자기 책임 아래 수행한 철학적 탐색이며 실천적인 철학적 논쟁이다. 사람이라면 누구나 저자들과 동일한 탐구 정신으로 모색·발견·실천해나가야 할 철학의 문제인 것이다. 우리는 이 서간을 통해 퇴계와 고봉의 철학 이론을 파악할 수 있다. 그러나 그보다 더 가치 있는 것은 진선미를 진심으로 사랑하며 성인의 삶을 성취하려 했던 퇴계와 고봉의 학문하는 자세와 불굴의 정신일 것이다. 독자들이 이 책을 보고 저자들과 함께 사색하고 모색하고 실천해나가면서 진정 철학함의 즐거움을 느끼길 바란다. 그래서 "철학이란 학문이 존재하는 것이 아니라 오직 철학함Philosophieren이 있을 뿐이다"라는 어느 철학자의 고언이 진정 허언이 아님을 실감하면서, 완성된 삶을 향해 함께 정진해나가길 기원해본다.

이제 율곡 이이가 우계 성혼과 인심도심에 관해 논쟁했던 《답성호원》을 번역한 데 이어 이 책을 번역해 내놓는다. 번역 과정에서 있었던 모든 어려움을 상쇄하고도 남을 만큼, 그 어느 때보다 보람을 느낀다. 학문하는 기쁨, 철학하는 즐거움을 누리게 해준 모든 인연들과 이 책이 세상에 나오는 계기를 마련하고 난삽한 원고를 다듬어준 책세상 편집부에 깊은 감사의 뜻을 전한다.

2014년 8월

옮긴이 임헌규

《천명도설》[9] 후서 부록 도안

《天命圖說》後敍 附圖[10]

내가 출사해 한양의 서문 안에 자리를 잡고 기거해온 지 어언 20여 년의 세월이 흘렀다. 그러나 이웃에 사는 정정이 鄭靜而[11]와 서로 면식이 없어 왕래한 적이 한번도 없었다. 하루는 조카 교憍가 어디서 〈천명도天命圖〉라는 것을 가져와 보여주었는데, 그 도안과 설명에 자못 어그러지고 잘못된 데가 많았다. 교에게 지은이에 대해 물으니, "모르겠습니다"라고 했다. 그 뒤에 차차 수소문하여 비로소 정이에게서 나온 것임을 알게 됐다. 이에 사람을 보내 정이에게 본래 도안을 보여달라고 청하고, 얼마 후에는 직접 만나기를 청했다. 두세 차례 서신을 주고받은 뒤에 정이가 좋다고 했지만, 내가 지난날 치우치고 고루하여 남과 교제가 적었다는 사실이 부끄러울 만했다.

내가 이 기회에 정이에게, "어떤 연유에서 지금 이 도안과 교가 전해준 도안이 다른 것입니까?" 하고 물었다.

정이가 대답하기를, "지난날 모재慕齋[12]와 사재思齋[13] 두 선생님 문하에서 공부할 때 그 이론의 일단을 들었습니다. 물러 나와 아우 아무개와 함께 그 뜻의 귀추를 강구해보니, 그 성리性理가 미묘하여 준거해 밝힐 도리가 없어 근심했습니다. 이에 시험 삼아 주자朱子[14]의 말씀을 취하고, 여러 학설을 참고해 도안을 하나 작성하여 모재 선생님께 올리고, 의심나는 부분을 질정했습니다. 선생께서는 도안이 잘못되고 망령된 것이라고 물리치지 않으시고, 책상 위에 두시고 여러 날 집중해 생각하셨습니다. 제가 잘못된 곳을 지적해주십사 청하자, '오랜 공부를 쌓지 않고는 가벼이 말할 수 없다' 하셨습니다. 그러다 간혹 배우는 이가 댁에 찾아오면 그것을 들어 보이며 말씀하시곤 했습니다. 사재 선생님께 질문해도 꾸짖거나 금지하지 않으셨습니다. 이는 두 선생님께서 뜻만 크고 행위는 미치지 못하는 저를 달래어 나아가게 하려는 뜻이었을 뿐, 그 도안이 전할 만하다고 여긴 것은 아니었습니다. 그런데 뜻하지 않게 당시 같은 문하의 여러 생도들이 그것을 베껴서 사우士友들에게 전했습니다. 그 후에 제가 스스로 잘못된 부분을 깨닫고 고친 곳이 많습니다. 이런 연유로 전후의 도안에 차이가 생긴 것이며, 아직 정본은 없습니다. 저는 부끄럽고 두렵습니다. 바로잡아 가르쳐주시면 아주 다행이라 하겠습니다" 했다.

내가 말하기를, "그렇습니다. 두 분의 선생님께서 가벼이 잘잘못을 논하지 않으신 데에는 실로 틀림없이 깊은 의미가 있었을 것입니다. 그러나 오늘날 우리가 강학하면서 온당하지 못한 부분이 있음을 알았다면, 어찌 구차하게 동조하고 왜곡되게 변호하면서 끝내 그 시비를 분석하고 변별하지 않을 수 있겠습니까? 더욱이 이것을 전하는 사우들이 다들 '모재·사재 두 선생님의 시정是正을 거쳤다'고 하는데 여전히 오류가 있음을 면하지 못한다면, 사문師門에 누가 됨이 또한 크지 않겠습니까?" 했다.

정이가 대답하기를, "그것이 진실로 제가 오랫동안 염려해 온 것입니다. 감히 마음을 비우고 가르침을 듣지 않을 수가 없습니다"라고 했다. 내가 마침내 《태극도설太極圖說》[15]을 인증하며 부분부분 지적해, "어디는 오류이니 고쳐야 하며, 어디는 여분이니 없애야 하며, 어디는 부족하니 보충해야 합니다. 어떻습니까?"라고 했다. 이에 정이는 나의 말이 떨어지자마자 모두 수긍했고, 어기거나 고치기를 저어하는 기색이 없었다. 다만 나의 말에 온당하지 않다고 생각되는 부분이 있으면, 반드시 힘껏 논변하고 따져서 지극히 마땅하게 귀결되어야 그만두었다. 아울러 호남의 선비 이항李恒[16]이 논한 "감정(情)은 기운의 권역 가운데에 둘 수 없다"는 학설을 거론했고, 다른 학설들의 장점도 취합했다.

몇 달이 지난 뒤, 정이가 고친 도안과 부설附說을 가지고 와서 보여주었다. 나는 다시 함께 그것들을 참고·교정·정리해 하나의 도안을 완성했다. 비록 더 이상 오류가 없는지는 알 수 없었지만, 우리의 견해로는 할 수 있는 것을 거의 다한 듯했다. 이에 자리의 오른편에 걸어놓고 아침저녁으로 마음을 가라앉히고 깊이 완미하고 궁구하면서, 이 도안을 통해 스스로 깨쳐 마음이 계발되고 조금이나마 진전이 있기를 바랐다.

어느 날, 문을 두드리고 방문한 손님이 이 도안을 보고 내게 말하기를, "듣자 하니 정생鄭生이 〈천명도〉를 가지고 있었는데 그대가 살피고 정정해주었다더니, 이것을 두고 말하는 것입니까?" 했다. 그래서 내가 "그렇습니다"라고 대답했다. 그랬더니 손님이 "정생의 참람함과 공의 어리석고 망령됨이 심합니다"라고 했다. 내가 깜짝 놀라 "무슨 말입니까?" 하니, 손님이 말했다. "황하와 낙수에서 상서로운 것이 나오자 복희씨伏羲氏와 우禹임금이 그것에 근거해《주역周易》의 팔괘八卦와《서경書經》의 홍범洪範을 지었으며, 다섯 별(五星)이 규奎에 모이자 주자周子[17]가 이에 근거해《태극도설》을 지었습니다. 도안이나 책은 모두 하늘의 뜻에서 나와 반드시 성현이 저술한 뒤에야 비로소 형성되는 것입니다. 정생이란 어떤 사람이기에 감히 도안을 만들었으며, 그대는 또 어떤 사람이기에 감히 그런 것을 흉내 내었습니까?"

나는 일어나 절하며 감사하기를, "서생書生이 옛것을 믿고 뜻을 따르다가 무모하고 참람함이 이에 이르렀습니다. 공의 두터운 책망과 깨우침 덕분에 겨우 죄과를 면하게 되었으니,

이런 다행이 어디 있겠습니까? 만일 이 도안이 경전의 뜻을 어기고 사견을 내세워 별도의 다른 뜻을 창안했다면, 그대의 비난만 받을 것이 아니라 모두가 공박해야 마땅할 것이며, 옛 성현에게 죄를 얻을 뿐만 아니라 하늘에게도 벌을 받을 것입니다. 그러나 지금 이 도안은 주자朱子의 말씀을 가지고 태극의 본래 도안에 근거해《중용中庸》의 궁극적인 취지를 기술하고, 드러난 것에 근거해 은미한 이치를 알아내어 상호 간에 밝게 밝혀 쉽게 깨닫고자 하는 것에 불과합니다. 여기에 무슨 큰 잘못이 있겠습니까?" 했다.

　손님이 발끈 화를 내어 말하기를, "그대는 나를 속이려 하십니까? 주자周子의 도안은 태극에서 오행까지 세 층으로 되어 있고, 기운의 변화(氣化)와 형상의 변화(形化)가 또 두 층으로 되어 있습니다. 그런데 이 도안은 덩그러니 하나의 동그라미뿐이니, 어찌 주자의 도안과 같겠습니까?"라고 했다. 그래서 내가 대답하기를, "손님께서는 참으로 태극·음양·오행 세 층이 있고 기운의 변화와 형상의 변화 또한 그 세 층 외에 별개로 두 층이 있다고 생각하십니까? '오행은 하나의 음양이요, 음양은 하나의 태극이다'라고 했으니, 음양의 조화는 바로 하나의 태극이 하는 것입니다. 따라서 혼륜渾淪으로 말하면 단지 하나일 뿐이지만, 주자가 〈태극도〉를 작성해 사람들에게 보일 때에는 다섯으로 나눌 수밖에 없었습니다"라고 했다.

손님이 말하기를, "그렇다면 이 도안 또한 다른 사람에게 보여주기 위해 만든 것인데, 어째서 주자처럼 하나를 나누어 다섯으로 만들지 않고, 도리어 다섯을 합해 하나로 만들었습니까? 바로 그러한 점에서 새로운 학설이라고 볼 수 있지 않겠습니까?"라고 했다. 내가 대답하기를, "각각 위주로 하는 것이 다르기 때문입니다. 염계는 이치와 기운의 본원을 천명하고 조화의 기틀과 묘용〔機妙〕을 드러내려 했기 때문에, 다섯으로 나누어 만들지 않고는 사람들을 깨우칠 수 없었습니다. 이 도안은 사람과 사물이 품부稟賦받은 것에 근거하고 이치와 기운의 화생을 근원으로 했기에, 합하여 하나로 만들지 않으면 위치〔位〕가 정립되지 않습니다. 모두 부득이해서 그렇게 작성한 것입니다. 더욱이 사람의 위치에서 본다면 이른바 '하나를 나누어 다섯으로 만들었다'는 뜻이 완연히 갖추어져 있고, 그 뜻은 이미 염계의 도설에도 갖추어져 있으니, 이 도안은《태극도설》에 근거해 작성한 것일 뿐 다른 뜻은 없습니다"라고 했다.

손님이 말하기를, "〈태극도〉에는 음 가운데 양이 있고 양 가운데 음이 있는데, 이 도안에는 없습니다. 〈태극도〉에는 원元·형亨·리利·정貞이 없는데, 여기에는 있습니다. 또한〈태극도〉에는 땅·사람·사물의 형체가 없는데, 무슨 연유로 여기에는 있는 것입니까?"라고 했다. 그래서 내가 대답하기를, "음의 자子에서 오午까지는 양 가운데 음이고, 양의 오에서 자까지는 음 가운데 양이니, 〈하도河圖〉와 염계의 〈태극도〉가 모두 그렇습니다. 단지 〈태극도〉는 대대對待[18]를 위주로 했기 때문에 객客이 주인 가운데 포함되어 있고, 이 〈천명도〉는 운행을 위주로 했기 때문에 때를 만난 것은 안에 있고 공功을 이룬 것이 밖에 있을 뿐, 실제로는 매한가지입니다. 염계의 도설에서 '오행이 생성될 때 각각 본성(其性)을 하나씩 타고난다'고 했는데, 본성(性)은 바로 이치입니다. 따라서 〈태극도〉에서 말하는 '오행의 성(五行之性)'이란 곧 여기 이 도안의 원·형·리·정을 말하니, 어찌 거기에는 없는데 여기에는 있다고 하겠습니까? 땅·사람·사물의 형체 역시 《태극도설》에서 취한 것입니다. 《태극도설》에서 이른바 '태극의 진수(眞)와 음양오행의 정기(精)가 묘합妙合해 남자와 여자를 이루고 만물이 화생한다. 만물이 계속해서 생겨나니 변화가 무궁하다'라고 한 것은 사람과 사물을 말하는 것이 아니면 무엇이겠습니까? 제가 본래 '이 〈천명도〉는 사람과 사물이 품부받은 것에 근거하고, 이치와 기운의 화생을 근원으로 해 만들었다'라고 했으니, 땅 또한 하나의 사물입니다. 그렇다면 사람과 사물을 형상하면서 아울러 땅을 형상한 것이 모두 선인의 학설을 본받아 기술한 것인데, 그대는 어찌하여 이 둘 사이에 있는 것과 없는 것, 같은 것과 다른 것이 있다고 의심하십니까?"라고 했다.

손님이 말하기를, "이 〈천명도〉가 〈태극도〉를 본받아 기술한 것이라는 그대의 말이 그럴듯합니다. 그러나 〈태극도〉에서 왼쪽이 양이고 오른쪽이 음인 것은 〈하도〉와 〈낙서洛書〉[19]에서 앞이 오午고 뒤가 자子며, 왼쪽이 묘卯고 오른쪽이 유酉로 되어 있는 방위에 근본을 둔 것이니, 이는 참으로 만세에 길이 변하지 않을 정해진 분수[定分]입니다. 그런데 지금 이 도안에서는 모든 것을 이와 반대로 바꾸어놓았으니, 엉성하고 잘못됨이 심하지 않습니까?"라고 했다. 내가 대답하기를, "그렇지 않습니다. 이 도안의 방위가 바뀐 것이 아니라, 단지 도안을 보는 사람에 따라 주객이 다를 뿐입니다. 〈하도〉·〈낙서〉 이하 모든 도안과 책은 위치를 정할 때 전부 북쪽을 위주로 했고, 보는 사람 또한 북쪽을 위주로 좇아서 보니, 도안과 보는 사람 사이에 주객의 구분이 없습니다. 그래서 전후좌우·동서남북이 모두 바뀌지 않습니다. 반면 이 도안에서는 도안이 주인이 되어 북쪽에 있고 보는 사람은 객인이 되어 남쪽에 있으면서, 객인 쪽에서 주인을 향해 남쪽에서 북쪽을 보기 때문에 그 전후좌우가 보는 사람의 향배에 따라 바뀌었을 뿐이지, 아래위와 동서남북의 본래 위치에는 변함이 없습니다. 곡절이 다른 것 같지만, 취지에 차이는 없습니다"라고 했다.

손님이 묻기를, "〈하도〉·〈낙서〉와 〈선천도先天圖〉·〈후천도後天圖〉 등은 모두 아래에서 시작했는데, 이 도안은 위에서부터 시작한 것은 무슨 까닭입니까?"라고 했다. 그래서 내가 대답하기를, "이 또한 〈태극도〉에 따라 그렇게 작성한 것입니다. 〈태극도〉가 반드시 위에서 시작하는 연유를 말씀드리겠습니다. 〈하도〉·〈낙서〉 이후 모든 도안은 북쪽에서 남쪽을 향해 전후좌우를 나누고, 이어서 뒤의 자子를 아래로 하고 앞의 오午를 위로 합니다. 양의 기운이 처음에는 아래에서 생겨나고 점차 자라나서 위에서 극에 도달하니, 〔아래인〕 북방은 양의 기운이 처음 생겨나는 곳입니다. 〈하도〉·〈낙서〉는 모두 음양의 소멸과 성장을 위주로 하면서도 양을 중하게 여겼기 때문에, 북쪽을 좇아 아래에서부터 시작하는 것입니다. 그러나 〈태극도〉는 이와 다릅니다. 이치와 기운을 근원으로 하고 조화의 기틀을 드러내 상천上天이 만물에게 명령한 도리를 나타냈기 때문에 위에서 시작해 아래로 내려온 것입니다. 그 이유는 하늘의 지위는 실로 위에 있어서 본성을 내려주는 천명이 아래에서 위로 올라간다고 할 수 없기 때문입니다. 지금 이 도안은 한결같이 염계의 옛것에 의거해 작성한 것인데, 어찌 이 부분에서만 유독 그 뜻을 어길 수 있었겠습니까? 처음에 정이가 〈하도〉·〈낙서〉의 사례에 따라 아래에서부터 시작한 것을 고쳐서 염계의 사례에 따르게 한 것은 저의 죄입니다"라고 했다.

손님이 말하기를, "〈태극도〉가 위에서부터 시작한 것은 화火가 왕성한 오방午方의 자리에 맞춘 것이고, 이 도안이 위에서 시작한 것은 수水가 왕성한 자방子方의 자리에 맞춘 것인

데, 그래도 같다고 할 수 있습니까?"라고 했다. 내가 대답하
기를, "〈태극도〉는 만물에게 명령하는 것을 위주로 했으니,
도식의 위쪽이 상제上帝가 본성을 내려주는 최초의 원두源頭
이면서 온갖 만물의 근저根柢의 극치가 되어, 소멸과 생성을
위주로 하는 〈하도〉·〈낙서〉 등의 도안과 자연히 다릅니다.
그렇다면 그 도안의 몸체는 단지 수직으로 세워서 가운데를
맞추어서 곧바로 내려가면서 보도록 한 것이지, 치우쳐서 남
방을 위쪽으로 한 것은 분명 아닙니다. 지금 이 도안은 만들
면서 사람과 사물이 품부받고 생겨난 이후로부터 천지의 운
행과 조화의 근원을 추구했으니, 도안의 윗면은 본래 〈태극
도〉의 윗면에 해당하지만, 윗면의 위치와 등급에는 차이가
있습니다. 대개 〈태극도〉는 태극에서 시작해 음양오행의 순
서를 밟은 다음에 묘합의 권역(妙合之圈)에 이르니, 묘합의
권역은 곧 이 도안에 게시된 천명의 권역입니다. 주자가 말
하기를, '태극에 동動·정靜이 있다는 것은 곧 천명의 유행을
말한다'라고 했습니다. 이 말을 믿는다면 〈천명도〉를 만들 때
마땅히 태극에서 시작해야 할 것인데, 묘합하여 응결하는 데
에서 시작한 것은 무엇 때문이겠습니까? 사람과 사물이 이
미 생겨난 이후부터 미루어 올라가기 시작해 묘합하여 응결
하는 곳에 이르면 이미 극치가 되기 때문에 이것을 도안의
윗면에 해당하는 것으로 보고 천명을 접하는 곳으로 삼은 것
입니다. 오행과 음양 이상은 실로 천원天圓의 한 도안에 갖추

어져 있고, 소리도 냄새도 없는 태극 또한 굳이 묘사할 필요도 없이, 심원하기 그지없음[20]이 그 가운데 펼쳐져 있는 것입니다. 그렇다면 도안의 윗면 또한 수水가 왕성한 자리에만 치우쳐 있다고 할 수 있겠습니까?"라고 했다.

손님이 말하기를, "그렇다면 오직 이 도안만은 〈태극도〉가 북쪽에서 남쪽을 향하고 사람과 사물을 그 사이에 배치한 것처럼 할 수 없다는 것입니까? 또한, 북쪽이 위가 되고 남쪽이 아래가 되어야 한다는 [옛사람의] 설이 있습니까?"라고 했다. 내가 대답하기를, "천지의 본성[天地之性]은 사람을 귀하게 여깁니다. 《주역》에 이르기를, '하늘의 도를 세워 음과 양이라 하고, 땅의 도를 세워 유柔와 강剛이라 하고, 사람의 도를 세워 인仁과 의義라 한다'고 했으니, 이는 인극人極이 세워지면 사람이 천지의 작용에 능동적으로 참여할 수 있음을 말한 것입니다. 천지의 도는 북쪽을 위주로 해 남쪽을 향합니다. 사람은 그 사이에서 태어나 음을 등지고 양을 안고 있으면서 북쪽을 위주로 해 남쪽을 향해 서 있는데, 이것이 바른 위치가 되며, 천지의 작용에 능동적으로 참여해 삼재三才가 되는 귀함을 볼 수 있습니다. 진실로 이렇지 않다면 천지는 북쪽을 위주로 해 남쪽을 향하고 있으나, 사람은 남쪽에서 북쪽을 향해 양을 등지고 음을 안고 있는 것이 됩니다. 그리하여 천지가 주인이 되고 사람이 객인이 된다면 명실名實과 향배向背, 경중과 귀천이 모두 마땅함을 잃게 될 것이니, 어찌 옳겠습니까? 또, 종래의 도안과 책들이 북쪽을 아래로 삼은 것은 북쪽이 아래라는 뜻이 아니라, 기운이 아래에서부터 위로 올라가는 것을 그렇게 말했을 따름입니다. 그런데 이 도식에서는 천지가 형체를 정해놓은 것으로부터 말했으니, 진실로 북극은 높고 남극은 낮으며 서북은 높고 동남이 낮은데, 또 어찌 의심할 것이 있겠습니까?"라고 했다.

손님이 묻기를, "사람과 금수·초목의 형태를 방方·원圓과 횡橫·역逆 따위로 나눈 근거는 무엇입니까?"라고 했다. 내가 대답하기를, "그것은 선유先儒의 설에 뿌리를 둔 것으로 정이가 논변한 것에 다 갖추어져 있으니, 제가 더 자세히 말하지 않아도 될 것입니다"라고 했다.

손님이 말하기를, "천명에서 시작해, 그 아래의 마음·본성·감정·의지·선악의 구분, 그리고 사단·칠정의 발현이 자사子思[21]와 주자周子의 것에 합치한다면, 그 대략을 들을 수 있겠습니까?"라고 했다. 내가 대답하기를, "천명의 원圓은 곧 주자周子가 이른바 '무극의 진수와 음양오행의 정기가 묘합하여 응결한다'고 한 것입니다. 자사는 이치와 기운의 묘합 가운데 오로지 무극의 이치만 가리켜서 곧바로 본성이라고 했습니다. 사람과 사물을 나누고 '각각의 사람과 사물마다 하나의 태극을 갖추고 있다'고 한 것은 주자朱子의 도설에 근본을 둔 것으로, 자사가 말한 본성을 가리킵니다. 마음·본성의 권역은 곧 주자周子가 '오직 사람만이 그 빼어난 것을 얻어 가장 신령하다'라고 말한 것이며 그 신령한 것은 마음을 말하는데, 본성이 그 가운데 갖추어져 있으니 인·의·예·지·신이라는 다섯 가지가 바로 그것입니다. 빼어나다는 것은 기氣와 질質입니다. 오른쪽의 질質은 음이 하는 것이니, 곧 이른바 '형체가 이미 생겼다'는 것이고, 왼쪽의 기氣는 양이 하는 것이니, 곧 이른바 '정신이 지각을 발동한다'는 것입니다. '본성이 발현해 감정이 되고, 마음이 발동해 의지가 된다'는 것은 곧 오성五性이 감동함을 말하는 것이고, 선의 기미〔善幾〕와 악의 기미〔惡幾〕는 '선과 악이 나누어진다'는 것이고, 사단·칠정은 '온갖 일이 여기에서 나온다'는 것입니다. 이것으로 말한다면, 〈천명도〉의 구절구절은 모두가 주자의 도설을 근본으로 한 것이며, 본성·감정의 아직 발현하지 않음〔未發〕과 이미 발현함〔已發〕 또한 어찌 자사의 뜻에서 벗어난 것이겠습니까? 더욱이 정靜할 때에 경敬으로 존양存養〔存心養性〕한다는 것은 바로 주자周子의 '정靜을 위주로 해 극極을 세운다'는 것과, 자사의 '계신공구戒愼恐懼로 말미암아 중中을 지극히 한다'는 것을 말하고, 동動할 때에 경敬으로 성찰한다는 것은 주자周子의 '정定하고 닦는다'는 것과, 자사의 '근독謹獨으로 말미암아 화和를 지극히 한다'는 것을 말합니다. 그리고 악의 기미가 횡橫으로 나온 것은 바로 '소인이 도리를 어그러뜨려 흉하다'는 것입니다. 따라서 이 도안은 사사로운 뜻으로 창출한 것이 아니라고 할 수 있으니, 어찌 크게 속인다는 말을 가져다 붙일 수 있겠습니까? 배우는 사람들은 이 도안을 통해서 참으로 천명이 내 몸에 구비되어 있다는 것을 깨닫고 덕성을 높여 믿고 따르기를 지극히 한다면 타고난 귀함을 잃지 않을 것이며, 인극이 여기에 있어서 천지에 참여하고 화육을 돕는 공을 모두 이루게 할 수 있으니, 또한 위대하지 않습니까?"라고 했다.

손님이 말하기를, "그대는 이 도안이 자사와 주자의 도에 합치한다고 하는데, 진실로 정생과 그대가 자사와 주자의 도를 얻었다는 것입니까? 내가 들으니, '도가 있는 사람은 마음에 축적된 덕이 밖으로 드러나[22] 얼굴빛에 나타나고 등으로도 넘쳐나고,[23] 집 안에 있어도 반드시 통달하고 나라에 있어도 반드시 통달한다'[24]고 합니다. 지금 정생이 곤궁하고 불우해 사람들이 모두 등을 돌렸고, 그대는 용졸하고 녹만 축내고 있어서 세상 사람들이 모두 비웃으며 외면하고 있습니다. 사람이 스스로 (자신의 허물을) 알기는 어렵지만, 어찌 조금이라도 반성하며 자신을 헤아리지 않고, 서로 함께 참람하고 망령된 일을 행하는 것입니까?"라고 했다. 내가 말하기를, "아! 나는 처음에는 손님을 통달한 사람이라고 생각해 질문에 따라 어리석은 견해로써 공손히 대답했는데, 지금 내 뜻을 크게 저버리게 하시는군요. 진실로 공의 말대로라면, 공자가 있어야 비로소 주공의 도를 얘기할 수 있고, 자사와 맹자가 있어야 비로소 안자顔子와 증자曾子의 학문을 배울 수

있단 말입니까? '성인은 하늘을 희구하고, 현인은 성인을 희
구하고, 선비는 현인을 희구한다'라는 말은 모두 없애야 할
것입니다. 한나라 이래로 역학易學을 논한 자가 많았는데, 모
두 복희·문왕文王·주공周公 같은 성인이었습니까? 송나라
이후 지금까지 천·인·성·명의 학설에 대해 담론한 자가 많
은데, 모두 주자周子·소자[25]·정자[26]·주자朱子 같은 현인이
었습니까? 무릇 선비가 의리를 논하는 것은 농부가 누에와
삼에 대해 말하고 장인이 먹줄과 먹통을 얘기하는 것과 같
아, 각기 일상적인 일입니다. 그런데 공의 말을 따른다면, 농
부에게 '이는 참람하게 신농씨神農氏처럼 되려 하는 것이다'
라고 힐난하며, 장인에게 '이것은 망령되게 공수자公輸子처
럼 되려 하는 것이다'라고 힐난하는 것입니다. 신농씨와 공
수자에는 실로 쉽사리 미칠 수가 없지만, 이들을 버리고 누
구에게 배워 농부나 장인이 되겠습니까? 공의 말이 시행된
다면, 저는 먹줄과 먹통이 없어지고 뽕나무밭과 삼밭이 모
두 황무지가 되어 없어질까 봐 두렵습니다. 옛날 촉나라에서
대통[筒]을 메는 자가 《주역》의 한 구절을 말하여 이치를 얻
었는데, 군자가 그것을 취해 후세에 전했습니다. 이것이 어
찌 대통을 메는 자를 꼭 복희나 문왕으로 간주한 것이겠습
니까? 말이 취할 만하여 취하는 것이니, 군자가 사람을 취하
는 것이 이와 같습니다. 그리고 군자가 다른 사람을 지나치
게 책망하지 않고, 그의 뜻이 좋으면 수용하는 것 역시 이와

같습니다. 지금 공의 말은 그것을 받아들이는 우리로 하여금 스스로를 살펴보게 한다는 측면에서는 가르쳐주는 것이 매우 크지만, 그대가 남을 책망하는 방도에서는 너무 험악하고 좁은 것이 아닙니까? 그대는 어찌 이렇게도 모질고 방자합니까?"라고 했다. 손님이 이에 망연자실하다가 밝게 깨달은 것이 있는 듯 머뭇거리다가 떠났다. 나는 마침내 문을 닫고 대화를 기록해 스스로 경계하고, 또한 정이에게도 기록을 보이며 말해주었다.

가정嘉靖[27] 계축년[28] 납평절臘平節[29]에 청량산인淸凉山人[30]이 삼가 쓰노라.

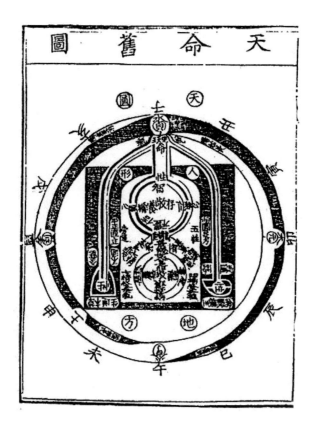

천명구도天命舊圖

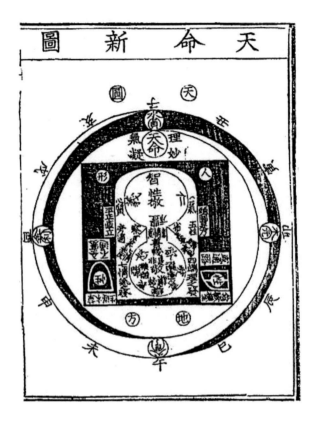

천명신도天命新圖

사단칠정을 논하다

1. 기명언 대승에게 드림〔與奇明彦大升(己未)〕[31]

헤어진 뒤 줄곧 소식을 듣지 못한 채 어느덧 해가 바뀌었습니다. 어제 박화숙朴和叔[32]을 만나, 다행히도 보내주신 질문을 받고 갈급하던 마음에 깊이 위로가 되었습니다. 급제하여 영광스럽게 귀향하신 뒤로 몸소 실천하고 뜻하시는 것이 날로 더욱 진중해지고 발전했을 것이라 생각됩니다. 밖으로 새로워지고 안으로 성찰·함양을 더하면 덕으로 나아가고 인을 성숙시키는 터전이 되니, 그 즐거움이 어찌 끝이 있겠습니까?

저는 한결같이 혼매하여 지향하고 부딪치는 일마다 잘못되고, 병은 점점 깊어 고질이 되었습니다. 임금의 은혜로운 명령은 거듭 더해져 내렸고, 면해주시기를 간절히 빌었으나 모두 허망하고 무익한 일이 되고 말았습니다. 공조판서의 직책이 비록 하는 일이 없다고는 하지만, 어찌 요양소가 될 수 있겠습니까? 곧바로 퇴직해 물러나야 하는 상황인데, 시중의 여론은 아직도 제가 벼슬을 내놓고 돌아가는 것을 당연하게 여기지 않는 듯합니다. 처세의 어려움이 이와 같은 정도에 이르렀으니, 어떻게 해야 되겠습니까?

지난번에 서로 만나고자 하던 소망은 이루었습니다. 한번의 꿈처럼 짧은 순간이어서 같이 깊이 토론할 겨를이 없었지만, 오히려 서로 흔연히 계합하는 곳이 있었습니다. 또한 선비와 벗들 사이에서 공이 논변한 사단칠정설을 전해 들었습니다. 저 역시 일찍이 그 말이 온당하지 않다고 생각하여 병통으로 여기고 있었습니다. 공의 따끔한 논박을 받고서 성글고 잘못되었음을 더 잘 알게 되었습니다. 즉시 '사단의 발현은 순수한 이치 때문이니 선하지 않음이 없고〔四端之發 純理故無不善〕, 칠정의 발현은 기운을 겸하기 때문에 선과 악이 있다〔七情之發 兼氣故有善惡〕'라고 고쳤습니다. 이와 같이 말하면 병통이 없을는지 모르겠습니다. 또한 주자가 왕구령王龜齡[33]에게 보낸 서간[34]에서 '고古와 인人 두 글자가 잘못 합쳐져서 극克 자가 되었다'는 공의 지적에 옛 의문이 단번에 풀렸습니다. 아는 것이 많아서 막힘이 없는 공에게 고루한 사람이 도움을 받은 것이 며칠도 안 되어 이미 이렇게 많은데, 하물며 함께 서로 따를 수 있다면 더 말할 것이 있겠습니까? 다만 예단하기 어려운 것은, 한 사람은 남쪽에 있고 다른 한 사람은 북쪽에 있어, 혹 제비가 오니 기러기가 떠나는 격이 되지 않을까 하는 것입니다.

역책曆冊 한 부를 증정하니, 이웃의 요구에 부응할 수 있을지 모르겠습니다. 하고 싶은 말은 많지만, 먼 곳으로 보내는 편지여서 이만 줄입니다. 더욱 자애자중하시기 바랍니다.

2. 기명언의 사단칠정은 이치와 기운으로 나눌 수 없다는 논변〔附奇明彦非四端七情分理氣辯〕[35]

자사는 "희喜·로怒·애哀·락樂이 아직 발현하지 않은 것을 중中이라 하고, 발현하여 모두 절도에 맞는 것을 화和라 한다"[36]라고 했습니다. 맹자는 "측은지심惻隱之心〔불쌍히 여기는 마음〕은 인仁의 단서이고, 수오지심羞惡之心〔나의 잘못을 부끄러워하고 남의 잘못을 미워하는 마음〕은 의義의 단서이고, 사양지심辭讓之心〔겸손히 남에게 사양하는 마음〕은 예禮의 단서이고, 시비지심是非之心〔옳고 그름을 가릴 줄 아는 마음〕은 지智의 단서이다"[37]라고 했습니다. 이것이 바로 본성과 감정에 관한 학설로, 선유들이 그 의미를 극진하게 밝혀내었습니다. 그렇지만 가만히 상고해보면, 자사의 말은 이른바 본성과 감정에 대해 전체적으로 말한 것이고, 맹자의 논변은 그 일부분을 떼어내어 말한 것입니다.

대개 사람의 마음이 아직 발현하지 않았다면〔未發〕 본성이라 하고, 이미 발현했다면〔已發〕 감정이라 합니다. 본성은 선善하지 않음이 없지만, 감정에는 선과 악이 있음은 본래부터 그러한 이치입니다. 다만 자사와 맹자가 가리켜 말한 것이 다르기 때문에 사단·칠정의 구별이 있게 되었을 뿐, 칠정 이외에 다시 사단이 있는 것은 아닙니다. 그런데 지금 만약 '사단은 이치에서 발현하면서 선하지 않음이 없고〔四端 發於理而無不善〕, 칠정은 기운에서 발현하면서 선과 악이 있다〔七情 發於氣而有善惡〕'라고 말한다면, 이는 이치와 기운을 판연히 갈라서 두 가지 것으로 간주하는 것이며, 칠정은 본성에서 나오지 않고 사단은 기운을 타지 않는다는 것이 됩니다. 이 말의 뜻에는 병통이 있어 후학의 의심이 없을 수 없습니다. 또한 '사단의 발현은 순수한 이치에서 비롯하니 선하지 않음이 없고, 칠정의 발현은 기운을 겸하기 때문에 선과 악이 있다'라고 고친다면, 비록 앞의 학설보다는 조금 나은 듯하지만, 어리석은 제 생각에는 여전히 온당하지 않은 것 같아 염려됩니다.

대개 본성이 막 발현할 때에는 기운의 주도적인 작용을 받지 않아 본연의 선이 곧바로 이루어지는데, 이것이 바로 맹자가 말한 이른바 사단이란 것입니다. 사단은 본래 순수한 것으로 천리天理의 발현입니다. 그러나 사단은 〔감정이라는 점에서〕 칠정을 벗어날 수는 없으니, 곧 칠정 중에서 발현해 절도에 맞는 것의 묘맥苗脈〔실마리, 단서, 싹〕인 것입니다. 그런데 사단·칠정을 상대적인 것으로 열거[對擧]하고 상호적인 것으로 말해, 하나는 '순수한 이치[純理]'라고 하고, 다른 하나는 '기운을 겸한 것[兼氣]'이라고 말할 수 있겠습니까? 인심人心·도심道心을 논한다면 혹 이와 같이 말할 수 있겠으나, 사단·칠정을 논할 때에는 이와 같이 말할 수 없을 듯합니다. 대개 그 이유는 칠정을 오로지 인심으로만 볼 수는 없기 때문입니다.

대저 이치는 기운의 주재主宰이고 기운은 이치의 재료材料입니다. 이치와 기운은 본래 구분이 있지만, [현실의] 사물에는 혼륜해 있어 나누어놓을 수가 없습니다. 다만 이치는 약하고 기운은 강하며[理弱氣强], 이치는 조짐이 없고 기운은 형적이 있기[理無朕氣有跡] 때문에 발현發現·유행流行하는 사이에 지나침[過]과 모자람[不及]의 차이가 있습니다. 그렇기 때문에 칠정의 발현이 혹 선하기도 하고 악하기도 해 본성의 본체가 혹 온전하지 못할 수도 있는 것입니다. 그렇지만 칠정의 발현이 선한 것은 바로 천명天命의 본연이고, 악한 것은 바로 기품氣稟의 지나침과 모자람이니, 이른바 사단·칠정이란 것에 처음부터 두 가지 이름과 뜻[名義]이 있는 것은 아닙니다. 그런데 최근의 학자들은 맹자가 선한 측면만 떼어내어 지시한 뜻을 살피지 않고 관례적으로 사단·칠정을 구별하여 논의하니, 어리석은 저는 이것을 병통으로 여깁니다.

주자는 "희·로·애·락은 감정이지만, 감정이 아직 발현하지 않은 것은 본성이다"라고 했고, 본성과 감정을 논의할 적마다 매번 사덕四德과 사단을 말했습니다. 아마도 사람들이 깨닫지 못하고 기운을 본성이라고 말할까 봐 그렇게 했을 것입니다. 그러니 배우는 이들은 모름지기 이치는 기운에서 벗어나지 않고, 기운이 지나침과 모자람 없이 자연스럽게 발현되는 것은 곧 이치의 본체가 그렇게 한 것임을 알고 정진한다면 거의 어긋남이 없을 것입니다.

3. 기명언에게 답함: 사단칠정을 논한 첫 번째 서간〔答奇明彦 論四端七情第一書〕[38]

본성과 감정에 관한 논변은 선유들이 상세하게 밝혔습니다. 〔하지만 그들은〕 사단·칠정에 대해서만은 단지 모두 감정이라고 했을 뿐, 이치와 기운으로 나누어 말한 분이 있다는 것은 보지 못했습니다. (이상 제1절)[39]

지난해 정생이 작성한 〈천명도〉에는 "사단은 이치에서 발현하고, 칠정은 기운에서 발현한다〔四端發於理 七情發於氣〕"라는 설명이 있었습니다. 어리석은 제 생각에는 〔이 설명의〕 분별이 너무 심하여 논쟁을 불러일으키는 단서가 되는 듯했습니다. 그래서 '순수한 이치〔純理〕', '기운을 겸한 것〔兼氣〕' 등의 말로 고쳤는데, 이는 서로 도와 강론하여 의미를 밝히

는 데 도움이 되고 싶어 고쳐본 것이지, 그 말에 결함이 없다고 여긴 것은 아니었습니다. (이상 제2절)

지금 깨우쳐주신 논변은 잘못된 것을 찾아 성의를 다해 깨우쳐주신 것이니, 깊이가 매우 깊습니다. 그런데도 아직 의혹이 없어지지 않아, 공께 말씀드리고 질정을 받으려 합니다. (이상 제3절)

대개 사단은 감정이고 칠정 또한 감정입니다. 같은 감정인데 어째서 사단·칠정이라는 다른 이름이 있을까요? 보내주신 서간에서 이른바 '가리켜 말한 것이 다르다'고 하신 것이 이것입니다. 대개 이치라는 것은 기운과 더불어 본래 서로 필요로 하여 본체가 되고, 서로 의지하여 작용[理之與氣 本相須以爲體 相待以爲用]하기 때문에, 진실로 이치가 없는 기운은 없으며 또한 기운이 없는 이치도 없습니다. 그러나 '가리켜 말한 것이 다르면' 구별이 없을 수 없습니다. 예로부터 성현들이 이 두 가지를 논급할 때, 왜 이 두 가지를 혼합해 하나의 것이라고 말하지 않고 반드시 분별된다고만 말했겠습니까? (이상 제4절)

또 '성性'[40]이라는 한 글자를 두고 자사가 말한 "천명의 성〔天命之性〕"과 맹자가 말한 "성선의 성〔性善之性〕"에서 두 '성性' 자가 가리켜 말하는 것이 무엇이겠습니까? 아마도 이치가 기운에 부여되어 있는 가운데 이치의 원두본연처原頭本然處[41]를 가리켜 말하는 것이 아니겠습니까? 그 가리킨 것이 이치에 있고 기운에 있지 않기 때문에 순수하게 선하면서 악이 없다고 할 수 있습니다. 그런데 만약 이치와 기운이 서로 떨어질 수 없기 때문에 기운을 겸한다고 설명한다면, 이것은 이미 성의 본연이 아닙니다. 자사와 맹자가 도의 본체를 온전히 통찰하면서도 이와 같이 입언한 것은 하나만 알고 둘은 몰라서 그런 것이 아니라, 참으로 성을 기운과 섞어 함께 말하면 성이 본래 선하다는 것을 나타낼 수 없다고 여겼기 때문입니다. 후세에 정자·장자張子[42] 등 여러 선생님들이 출현한 뒤에 부득이하여 '기질의 성〔氣質之性〕'에 대한 논의가 생겼지만, 이 또한 더욱더 많은 것을 탐구하며 다른 이론을 세운 것이 아닙니다. 기운을 부여받아 생성된 이후를 가리켜 말하면서 순수 '본연의 성〔本然之性〕'이라고 혼칭混稱할 수는 없기 때문입니다. 그러므로 어리석은 저는 일찍이 망령되게 감정에 사단·칠정의 구분이 있는 것은 마치 성에 '본연'과 '기품氣稟'의 차이가 있는 것과 같다고 여겼습니다. 성에 대해서 이치와 기운으로 나누어 말할 수 있다면, 어찌 유독 감정에 대해서만 이치와 기운으로 나누어 말할 수 없겠습니까? (이상 제5절)

측은·수오·사양·시비는 무엇으로부터〔何從〕[43] 발현합니까? 인·의·예·지의 본성에서 발현합니다. 희喜·로怒·애哀·구懼·애愛·오惡·욕欲은 무엇으로부터 발현합니까? 외적 사물이 사람의 형기形氣에 접촉하면 그 대상〔境〕으로 인해 마음이 움직여 발출합니다. 사단이 발현하는 것을 맹자는 이미 마음이라 했습니다. 마음은 본래 이치와 기운의 결합인데, 맹자가 이치를 위주로 가리켜 말한 것은 무엇 때문이겠습니까? 인·의·예·지의 본성은 순수하게 마음 가운데에 있는데, 이 네 가지는 그 단서가 되기 때문입니다. 칠정이 발현하는 것에 대해 주자는 "본래 당연의 법칙[當然之則]이 있다"고 했습니다. 그렇다면 칠정에 이치가 없지 않은데도 주자가 기운을 위주로 가리켜 말한 것은 무엇 때문이겠습니까? 그것은 바로, 외적 사물이 오면 쉽게 감응되어 가장 먼저 움직이는 것으로는 형기만 한 것이 없다고 할 수 있는데, 칠정이 바로 그 묘맥이 되기 때문입니다. 마음 가운데 있으면 순수 이치이던 것이 어떻게 발현하자마자 기운과 섞일 수 있겠으며, 형기가 외적 사물에 감응하는데 어찌 이치의 본체가 발현할 수 있겠습니까? 사단은 모두 선합니다. 그래서〔맹자는〕"사단의 마음이 없으면 사람이 아니다"⁴⁴라고 했고, 또한 "감정이란 것은 선하게 할 수 있다"⁴⁵라고 했습니다. 칠정은 선과 악이 아직 정해지지 않았기 때문에 마음속에 살펴지지 않은 것이 하나라도 있으면 그 마음은 바른 마음이 아니므로,⁴⁶ 반드시 발현하여 절도에 맞은 뒤에야 화和라고 합니다. 이러한 점에서 미루어보면 사단·칠정이 모두 이치와 기운에서 벗어난 것은 아니지만, 어찌 유래하는 곳[所從來]에 근거해 각각 주도하는 것[所主]과 중한 것[所重]을 가리켜 어떤

것은 이치라 하고 어떤 것은 기운이라고 말할 수 없겠습니까? (이상 제6절)

보내주신 서간의 뜻을 자세히 살펴보니, 이치와 기운은 서로 따르며 떨어지지 않는다〔理氣之相循不離〕는 것에 대해 깊은 식견을 가지고, 그 학설을 힘써 주장하셨습니다. 그래서 "이치가 없는 기운은 없고 기운이 없는 이치는 없다〔未有無理之氣 亦未有無氣之理〕"고 하시며, "사단·칠정에 다른 뜻이 있지 않다" 하셨습니다. 이 말씀은 비록 옳은 듯하나, 성현의 뜻을 헤아려보면 아직 합당하지 않은 데가 있는 듯합니다. (이상 제7절)

대저 의리義理의 학문은 극히 정미精微합니다. 반드시 도량을 넓히고 안목을 높여 결코 하나의 학설을 미리 절대적인 것으로 간주하지 말고, 마음을 비우고 기운을 화평하게 해 그 올바른 뜻을 차근차근 살펴봐야 합니다. 같은 것 중에 다른 것이 있음을 알아야 하고, 다른 것 중에 같은 것이 있음을 보아야 합니다. 나누어서 둘로 만들더라도 떨어지기 이전의 것에 해가 되지 않아야 하고, 합쳐서 하나로 만들어도 그 뭉친 것이 서로 섞이지 않아야 합니다. 그래야 비로소 두루 깨달아 치우치지 않습니다. (이상 제8절)

다시 성현의 말로 돌아가 반드시 그러함을 밝혀보겠습니다. 옛날에 공자에게는 계선繼善·성성成性의 이론이 있었고,[47] 주자周子의 이론 중에는 무극·태극의 학설이 있었습니다. 이것은 모두 이치와 기운이 서로 따르는 가운데 오로지 이치만을 떼어내어 말한 것입니다. 공자가 말한 상근相近·상원相遠의 성性[48]과 맹자가 말한 이·목·구·비의 성[49]은 모두 이치와 기운이 서로 이루어진 가운데 한쪽만 가리켜서 오로지 기운만을 말한 것입니다. 이 넷이 어찌 같은 것 중에 다른 것이 있음을 아는 것이 아니겠습니까? 자사는 중화中和를 논하면서 희·로·애·락만 말하고 사단을 언급하지 않았으며, 정자는 호학好學을 논하면서 희·로·애·구·애·오·욕만 말하고 사단을 언급하지 않았습니다. 이것은 이치와 기운이 서로 필요로〔相須〕 하는 가운데 혼융함을 가리켜 말한 것이니, 이 둘이 어찌 다른 것 중에 같은 것이 있음을 아는 것이 아니겠습니까? (이상 제9절)

그런데 지금 보내오신 논변은 이와 다릅니다. 합치기를 좋아하지만 나누기를 싫어하고, 하나로 뒤섞기를 좋아하고 분석하기를 싫어합니다. 사단·칠정이 유래하는 곳을 따져보지도 않은 채, 대충 이치와 기운을 겸하고 선과 악이 있는 것이라고 여기면서, 깊이 분별해 말하는 것은 옳지 않다고 합니다. 중간에 "이치는 약하고 기운은 강하며〔理弱氣强〕, 이치는 조짐이 없고 기는 형적이 있다〔理無朕氣有跡〕"라는 말이 있기는 합니다. 그러나 끝에 가서는 기운이 자연히 발현되는 것을 곧 이치의 본체가 그렇게 하는 것으로 간주했으니, 결국 이치와 기운을 하나로 여겨〔以理氣爲一物〕 분별함이 없습니다. 근세에 나정암羅整菴[50]이 이치와 기운은 다른 것이 아니다(理氣非異物)라는 설을 주창하며, 심지어 주자의 설이 옳지 않다고까지 했습니다. 저는 학문이 모자라 그 뜻을 깨닫지 못했지만, 보내주신 서간의 뜻 역시 이와 흡사하다고 생각하지 않습니까? (이상 제10절)

또 보내주신 서간에서 "자사와 맹자가 취하여 말한 것이 다르다"고 하고, 사단은 선한 쪽만 떼어낸 것이라고 하면서도 사단·칠정에 다른 뜻이 없다고 하시니, 스스로 모순을 범하고 계신 듯합니다. 대개 학문을 강론하면서 분석하는 것을 싫어하고 합하여 하나의 설로 만드는 데만 힘쓰는 것을 옛사람들이 골륜탄조鶻圇吞棗[51]라고 했습니다. 그 병통이 적지 않은데도 공이 계속 이를 고수하신다면, 부지불식간에 차츰차츰 기운을 본성이라고 논하는 폐단에 빠져들고, 인욕人欲을 천리天理로 오인하는 병통에 떨어질 것입니다. 어찌 옳다고 하겠습니까? (이상 제11절)

보내주신 서간을 받은 즉시 어리석은 저의 견해를 전하려 했었지만, 저의 견해가 반드시 옳고 의심할 것이 없다고 감히 말할 수 없기 때문에 오래도록 발설하지 않았습니다. 그러다 근래에 《주자어류朱子語類》에서 맹자가 사단을 논한 곳을 보았는데, 주자는 마지막 한 조목에서 논하여 말하기를, "사단은 바로 이치의 발현이고, 칠정은 바로 기운의 발현이다(四端是理之發 七情是氣之發)"라고 했습니다. "감히 자신을 믿지 말고 스승을 믿으라"고 옛사람들이 말하지 않았습니까? 주자는 제가 스승으로 여기는 분이고, 또 천하 고금의 모든 사람이 종사宗師로 여기는 분입니다. 저는 주자의 이 말을 얻고 나서 비로소 저의 견해가 크게 그릇되지 않았음을 믿게 되었습니다. 당초의 정생의 설 또한 본래 병통이 없기 때문에 고칠 필요가 없을 것 같습니다. 이에 어리석은 저의 변변치 못한 견해를 조잡하게 기술해 가르침을 청합니다. 공은 어떻게 생각하실지 모르겠습니다. 비록 도리는 이와 같지만, 이름과 뜻을 붙여 말함이 분명하지 않고 오류가 있어 선유의 옛 설을 따르는 것만 못하다고 여기신다면, 주자의 본래 설로 대신하고 우리의 설은 버리는 것이 온당할 것입니다. 어떻습니까? (이상 제12절)

4. 고봉이 퇴계에게 답한, 사단칠정을 논한 서간〔高峯答退溪論四端七情書〕52

보내주신 사단·칠정을 이치와 기운으로 나누는 논변〔四端七情分理氣辯〕 한 편을 받았습니다. 본성·감정과 이치·기운 간에 대해 〔선유의 논변을〕 두루 인용하고 곡진하게 비유해 거듭 밝혀낸 것이 자세하고 극진하다고 할 수 있겠습니다. 거듭 완미하고 사색하여 연역해보니 감발되는 것이 많지만, 그 가운데 의심스러운 것도 있습니다. 이는 의리는 궁구하기 어렵고, 사람의 견해에는 다르고 같음이 있어서 그런 것이 아니겠습니까? 이것이 바로 궁리해 찾아내고〔講究〕 몸소 살펴〔體察〕 지극히 당연한 귀결점을 구해야 하는 까닭입니다. 보내신 논변에 근거해 감히 조목별로 상세하게 아뢰오니, 선생님께서 끝까지 가르쳐주시기를 바랍니다. 엎드려 생각건대, 선생님께서 잘못을 증빙하시어 후학들에게 은혜를 베풀어주시면 아주 큰 다행이라 하겠습니다.

제1절

저는 본성과 감정에 관한 학설은 선유들이 그 의미를 남김없이 논했다고 생각합니다. 그러나 혹은 자세하고 혹은 간략해 모두 같지 않으니, 후세의 배우는 이들은 그 상세함과 간략함에 따라 거듭 궁구해 마음 가운데 자득하기를 추구해야 합니다. 그저 기성의 학설에 따라 대략 이해하고는 도리의 참모습이 이와 같은 것에 지나지 않는다고 여겨서는 안 될 것입니다.

주자가 말하기를, "마음·본성·감정의 구분은 정자와 장자로부터 내려오는 견해를 합해보면 완정함을 얻을 수 있고 큰 본체에서는 차이가 없다. 그런데 정자의 여러 문인들은 스승이 완성해놓은 말만 전해 들었기에 한결같이 잘못이 있었다"[53]라고 했습니다. 정자의 문인으로서 스승의 말을 직접 전수해도 잘못됨을 면하지 못했는데, 하물며 후세에 배우는 이들은 어떻겠습니까? 지금 논변하신 것을 상세히 보면 큰 줄기에서는 막힘이 없는 것 같지만, 세부적인 내용에는 온당하지 못한 곳이 많아 털끝만 한 차이는 없을 수 없는 듯합니다. 주자가 말하기를, "여러 유학자들이 본성을 각기 다르게 논한 이유는 선과 악에 대해 어두웠기 때문이 아니라, '성性' 자를 정확하게 파악하지 못했기 때문이다"라고 했습니다. 저의 생각에 선생님께서는 이치와 기운에 대해 어두울 뿐만 아니라, 마음·본성·감정에 대해 정확하게 파악하지 못하셔서 이처럼 논변하신 것 같습니다.

《주자어류》 가운데 한 조목을 살펴보면, "본성이 막 발현하면 바로 감정인데, 감정에는 선과 악이 있지만 본성은 온전히 선하며, 마음은 본성과 감정을 총괄한다"54라고 돼 있습니다. 또 한 조목에서는, "본성, 감정, 마음에 대한 설명은 오직 맹자와 횡거의 설이 매우 좋다. 인은 바로 본성이고 측은은 바로 감정이니, [이 둘은] 모름지기 마음으로부터 발현해 나오기 때문에 마음이 본성과 감성을 통괄한다[心統性情]. 그러므로 본성은 본래 이치일 뿐, [형상을 지닌] 어떠한 사물이 아니다. 만약 본성에 어떠한 사물이 있다면 이미 선이 있는 것이며, 또한 반드시 악도 있을 것이다. 그러나 본성에는 어떠한 사물도 없고, 그것은 이치일 뿐이기 때문에 선하지 않음도 없다"55 했습니다. 또 한 조목에서는, "본성은 선하지 않음이 없고, 마음이 발현한 감정에는 혹 선하지 않음이 있지만, 비록 선하지 않더라도 마음이 아니라고 할 수는 없다. 마음의 본체는 본래 선하지만, 선하지 않게 흐르는 것은 감정이 사물에 의해 옮겨져서 그렇게 되는 것이다. 본성은 이치를 총괄하는 명칭이고, 인·의·예·지는 모두 본성 중 한 이치의 명칭이며, 측은·수오·사양·시비는 감정이 발현된 것의 명칭이니, 바로 이 때문에 감정이 본성에서 나와서 선하다는 것이다"[56] 했습니다. 이 세 조목을 보면 마음·본성·감정을 이해하는 데 많은 도움이 될 것입니다.

사단·칠정을 이치와 기운으로 나누어 설명한 것을 전에는 보지 못했습니다. 지금 보내주신 논변을 받아보니, 〔선생님께서는〕《주자어류》의 말을 인용하셨습니다. 그렇다면 선유도 이미 말한 것인데, 저의 학문이 고루하여 미처 보지 못했습니다. 그렇지만 주자가 "사단은 바로 이치의 발현이고 칠정은 바로 기운의 발현이다"라고 말한 데에는 아마도 곡절이 있을 듯합니다.

보내주신 논변에서, "감정에 사단·칠정의 구분이 있음은 마치 성에 본성과 기품의 다름이 있음과 같다"고 하셨습니다. 이 말씀은 매우 온당하여 주자의 말과 상호 밝혀주는 것이니, 어리석은 저 또한 그렇게 생각합니다. 그런데 주자는 "천지의 성을 논할 때에는 오로지 이치만을 가리켜 말하고, 기질의 성을 논할 때에는 이치와 기운을 섞어서 말한다"[57] 했습니다. 그렇다면 주자가 "사단은 이치의 발현이다"라고 한 것은 오로지 이치만을 가리켜 말한 것이고, "칠정은 기운의 발현이다"라고 한 것은 이치와 기운을 섞어서 말한 것입니다. 사단이 이치의 발현이라고 한 말은 진실로 바꿀 수 없지만, 칠정이 기운의 발현이라고 한 말은 오로지 기운만을 가리키지 않습니다. 이것이 바로 곡절이 있다고 한 이유입니다.

대체로 보내주신 논변에 저의 뜻과 같은 곳이 많지만, 다른 곳도 적지 않습니다. 더구나 다른 곳은 바로 큰 절목節目입니다. 큰 절목에서 같지 않다면 그 이외의 부분에서의 같음과 다름, 옳음과 그름은 논할 필요가 없습니다. 반드시 큰 절목에서 밝게 분변해 독실하게 신뢰한 뒤에야 그 이외의 같음과 다름, 옳음과 그름을 말할 수 있습니다.

보내주신 논변에서, "사단은 인·의·예·지의 본성에서 발현하기 때문에 비록 이치와 기운의 결합이지만 가리켜 말한 것은 이치를 위주로 하고, 칠정은 외적 사물이 사람의 형기에 접촉하면 그 대상으로 인해 마음이 움직여 발출하는 것이기에 이치가 없는 것은 아니지만 가리켜 말한 것은 기운에 있다. 그러므로 사단은 마음속에 있을 때는 순수한 이치이기 때문에 현발해도 기운과 섞이지 않으며, 칠정은 밖에서 형기에 감응한 것이므로 발현하는 것이 이치의 본체가 아니다. 그러므로 사단·칠정의 유래하는 곳이 같지 않다"고 하셨습니다. 이 몇 구절은 실로 선생님께서 자득하신 것입니다. 그래서 한 편의 논변 안에서 많은 말씀을 하셨지만 큰 뜻은 여기에서 벗어나지 않았습니다.

어리석은 저의 의견은 이와 다릅니다. 대개 사람의 감정은 하나인데, 그것이 감정이 되는 까닭은 진실로 이치와 기운을 겸하고 선과 악이 있기 때문입니다. 다만 맹자는 이치와 기운의 묘합 가운데 오로지 이치에서 발현하는 순수하게 선한 것만을 가리켜서 말했으니, 사단이 바로 그것입니다. 자사는 이치와 기운의 묘합을 혼륜해 말했는데, 감정은 진실로 이치와 기운을 겸하고 선악이 있으니, 칠정이 바로 그것입니다. 이것이 바로 가리켜 말한 것이 같지 않다는 뜻입니다.

그러나 칠정이라는 것은 비록 기운의 간섭을 받는 것 같지만, 본래 그 가운데에 이치도 있습니다. 그러므로 발현해 절도에 맞는 것은 곧 천명의 성, 본연의 체〔本然之體〕로서, 맹자가 말한 사단과 실상은 같은데 이름만 다릅니다. 발현해 절도에 맞지 않는 것은 품부된 기운과 물욕이 그렇게 만든 것이지 성의 본연이 그런 것은 아닙니다. 제가 지난번 설명에서 '칠정 이외에 다시 사단이 있는 것은 아닙니다'라고 한 것과, '사단·칠정이란 것에 처음부터 두 가지 이름과 뜻이 있는 것은 아닙니다'라고 한 것은 바로 이러한 의미에서 한 말입니다. 그렇기에 선생님께서 "사단은 이치를 위주로 하고, 칠정은 기운을 위주로 한 것이다…"라고 말씀하신 것은 비록 〔제 생각과〕 대강은 같지만, 상세한 내용에서는 다른 데가 있습니다.

　주자의 말이 명백·간약하지만, 배우는 자들의 소견에 같고 다름이 없을 수 없다면 어찌 털끝만큼의 착오도 없겠습니까? 주자의 말을 선생님의 뜻으로 푼 것은 직절直截하여 쉽게 이해되지만, 저의 소견으로 증명하면 곡절이 많아 통하기 어렵습니다. 그러니 털끝만큼의 착오는 선생님께 있지 않고 저에게 있는 듯합니다. 그러나 《중용장구中庸章句》와 《중용혹문中庸或問》, 그리고 주자 평생의 여러 설들로 상고해보니, 아무래도 다음과 같아야 할 듯합니다. 부디 자세히 살펴주시기를 바랍니다. 어떻게 생각하시는지요?

제2절

　"사단은 이치에서 발현하고, 칠정은 기운에서 발현한다"라는 구절을 정장鄭丈이 〈천명도〉에 나타낸 것은 주자의 말과 같으니, 이를 깨닫는다면 어찌 병통이 있겠습니까? 제가 지난날에 의심한 이유는 깨닫지 못한 자들에게 병통이 생기게 될까 염려했기 때문입니다. 대개 사단·칠정을 넓게 논해 '사단은 이치에서 발현하고, 칠정은 기운에서 발현한다'고 한다면 참으로 옳지 않다고 할 수는 없습니다. 그 말을 도안에 나타낼 때 사단은 이치의 권역 중에 배치해 이치에서 발하는 것으로, 칠정은 기운의 권역 중에 배치해 기운에서 발하는 것으로 그렸는데, 비록 도안을 작성하자니 모양을 그렇게 그릴 수밖에 없었겠지만, 사단·칠정을 나누고 위치를 떨어뜨려 배열함은 정도가 지나친 듯합니다. 만약 후학들이 이미 정형화된 그림의 형태를 보고 이치와 기운을 둘로 나누어 별개로 논하게 된다면, 사람들을 그르치는 것이 너무 심하지 않겠습니까?

뒤에 보내신 서신을 보니 "사단의 발현은 순수한 이치에서 비롯하니 선하지 않음이 없고, 칠정의 발현은 기운을 겸하기 때문에 선과 악이 있다"라고 고치셨는데, 이 고친 말이 이전의 설명보다는 더욱 분명합니다. 그렇지만 제 생각에는 여전히 온당하지 않은 듯합니다. 왜냐하면, 대개 사단·칠정을 상대적인 것으로 열거하고 상호적인 것으로 말하면서 도안에 게시해 사단은 선하지 않음이 없다고 하고 칠정은 선악이 있다고 한다면, 그것을 본 사람들은 감정에 두 가지가 있다고 의심할 것이기 때문입니다. 또, 설령 감정이 두 가지라고 의심하지는 않더라도, 그 감정 중에 두 가지 선이 있어 하나는 이치에서 발현하고 하나는 기운에서 발현한다고 의심하는 사람이 있을 것이니, 온당하지 않다고 여기는 것입니다.

제가 지난번에 의심했던 것은 오직 이것뿐이었습니다. 그런데 이번에 보내신 논변을 상세히 살펴보고 다시 도설을 재검토해보니 의심스러운 것이 여기에서 그치지 않습니다. 비록 옳고 그름이 저에게 있는지 선생님께 있는지는 참으로 알지 못하겠지만, 앞서 제가 '깨닫지 못한 자들에게 병통이 생기게 할 것이다'라고 하며 의심했던 것도 지나친 일은 아니었습니다.

제3절

저는 어리석고 천박해 학문의 방법을 알지 못합니다. 본성과 감정, 이치와 기운에 대한 학설에 대해서는 아직 하루도 실질적인 공부를 하지 못했습니다. 하물며 자신을 돌이켜 체험하는 공효가 있겠습니까? 그러면서도 참람함을 생각지 않고 번번이 견해를 펼쳤으니, 이 또한 바르지 않은 죄를 범하고 증거도 없는 말을 했다고 할 수 있습니다. 그런데도 선생님께서 그 뜻을 나무라거나 배척하지 않으시고 이처럼 간절히 서간을 주시리라고 제가 어찌 생각이나 했겠습니까? 이것이 진정 제가 경모敬慕·탄복해 마지않는 것이니, 너무나도 큰 행운이라고 하겠습니다.

제4절

사단·칠정이 본래 균등한 감정인데 다르게 명칭을 세운 것은 가리켜서 말하는 것이 다르기 때문입니다. 제가 지난번에 말씀드린 뜻이 바로 이와 같은 것이었는데, 보내신 논변에서도 그렇다고 하셨습니다. 그러나 가리켜서 말하는 것이 다르다는 한 구절을 비루한 저의 설명을 통해 보면, 본래 하나의 감정이지만 가리켜서 말하는 것이 다르다는 뜻에 방해가 되지 않습니다. 보내주신 논변으로 질정해보면, 사단·칠정은 각각 유래하는 곳이 따로 있으니 단순히 달리 말하는 것만은 아니라고 하셨습니다. 비록 같은 말이어도 선생님과 저의 주된 뜻이 각각 다른 곳에 있으니, 살피지 않을 수 없습니다. 하물며 자사와 맹자가 말하는 것이 다른 것은 비단 그 말만이 아니라 그 뜻 또한 다르기 때문이었습니다.

일찍이 주자가 진기지陳器之에게 답한 서간58을 보면, "본성은 바로 태극의 혼연한 본체로서 본래 이름과 자字를 붙여 말할 수 없다. 그러나 그 속에는 온갖 이치가 갖추어져 있는데, 벼리〔綱〕가 될 만한 큰 이치 넷이 있어 인·의·예·지라는 명칭을 붙였다. 일찍이 공자의 문하에서는 인·의·예·지의 명칭을 갖추어 말하지 않았지만, 맹자에 이르러서 처음으로 갖추어 말했다. 대개 공자의 시대에는 본성이 선하다는 도리가 당연한 것으로 간주되어 조목을 자세히 드러내지 않아도 그 설이 저절로 갖추어졌다. 맹자의 시대에 이르러서는 이단이 벌 떼처럼 일어나서 너무나도 자주 본성이 선하지 않다고 했기 때문에 맹자가 본성이 선하다는 도리가 드러나지 못할까 봐 염려해 밝히기로 했다. 그런데 〔본성을〕 단순히 '혼연한 전체'라고만 말한다면 마치 눈금 없는 저울이나 마디 없는 자와 같아서 끝내 천하를 깨치기에 부족할 듯했다. 그래서 본성을 구별해 말하고, 경계를 지어 네 가지로 나누어 사단의 설이 성립되었다"라고 했습니다. 이것이 어찌 가리켜서 말한 것이 다르고, 뜻 또한 각각 위주로 하는 것이 있는 것이 아니겠습니까?

자사는 본성과 감정의 덕을 논할 때 중화中和로 말하면서 희·로·애·락이라고 했습니다. 이것은 곧 감정이 이치와 기운을 겸하고 선과 악을 가진다는 말로서, 진실로 혼륜해 전체를 이야기한 것입니다. 맹자는 본성이 선하다는 도리를 인·의·예·지로써 말하고, 측은·수오·사양·시비로써 밝게 드러냈습니다. 이것은 단지 감정의 선함만 말한 것으로, 이른바 선한 쪽만 떼어낸 것입니다.

옛날 성현들은 이치와 기운·본성과 감정을 논할 때 진실로 합해 말하기도 하고 구별해 말하기도 했습니다. 그 뜻 역시 각각 위주로 하는 것이 있으니, 배우는 이들이 정밀히 살펴야 합니다.

제5절

이 단락에서 논하신 것은 모두 지극히 정밀하니 어찌 감히 다시 시비곡절을 헤아리겠습니까? 그렇지만 여기에도 함께 밝혀야 할 논의가 남아 있습니다. 주자가 말하기를, "기운이 있기 전에 이미 본성이 있었고 기운이 존재하지 않더라도 본성은 항상 있다. 비록 본성이 바야흐로 기운 가운데 있어도 기운은 스스로 기운이고 본성은 스스로 본성일 뿐이니, 서로 섞이지 않는다"[59]라고 했습니다. 또 말하기를, "천명의 성은 기질 말고는 의탁할 곳이 없다. 그러나 사람의 기품에는 맑음·흐림淸濁과 치우침·바름偏正의 다름이 있기 때문에 천명의 올바름에도 얕음·깊음淺深, 두터움·얇음厚薄의 차이가 있고 각기 다르다. 요컨대 그것을 본성이라 하지 않을 수 없다"라고 했습니다. 또 말하기를, "'천명을 본성이라고 한다'는 것은 바로 본원의 궁극적인 본성이다"라고 했습니다. 또 말하기를, "맹자는 선한 한쪽만을 떼어내어 본성의 근본을 말했고 이천伊川은 기질을 겸해 말했으니, 요컨대 본성과 기운은 서로 떨어질 수 없다"라고 했습니다. 또 말하기를, "기질의 설은 정자와 장자에서 시작되었다"라고 했습니다. 이 몇 단락을 보면, 이른바 '천지의 성'과 '기질의 성'이란 것을 더욱 분명히 알 수 있고, 자사·맹자·정자·장자가 말한 것의 다름과 같음을 또한 볼 수 있습니다.

주자는 또, "천지가 만물을 낳는 까닭은 이치이고〔天地之所以生物者 理也〕, 그 만물을 낳는 것은 기질이다〔其生物者 氣與質也〕. 사람과 사물은 기질을 얻어 형체를 이루는데, 형체 가운데 있는 이치를 본성이라고 한다"라고 했습니다. 이 말은 하늘과 땅, 사람과 사물에서 이치와 기운을 분별한 것으로, 진실로 어떤 것이 각각 스스로 어떤 것이 되는 데 방해가 되지 않는다는 것입니다. 성性에 대해 논하자면 이른바 '기질의 성'이란 이치가 기질 가운데 떨어져 있는 것일 뿐, 별개로 하나의 성이 있는 것이 아닙니다. 그렇다면 성을 논하면서 본성이라고도 하고 기품이라고도 하는 것은 하늘과 땅, 사람과 사물을 가지고 이치와 기운을 분별해 각각 별개의 어떤 것으로 여긴 것이 아닙니다. 하나의 성을 가지고 그것이 있는 곳에 따라 분별해 말한 것일 뿐입니다.

감정을 논하신 데 이르러서는 "본성이 기질 가운데 떨어진 뒤에 발현해 감정이 되기 때문에 이치와 기운을 겸하고 선과 악이 있다고 하는 것이다. 그리고 감정이 발현하는 것 중에는 이치에서 발현하는 것도 있고 기운에서 발현하는 것도 있다"고 하셨습니다. 이렇게 구분해 말할 수도 있지만, 자세히 헤아려보면 막히는 데가 있는 듯합니다. 하물며 사단·칠정을 이치와 기운에 나누어 귀속시킨다면, 칠정이란 오로지 기운만을 가리켜서 말하는 것이 아니기 때문에 이 절의 상세한 내용 또한 자못 온당하지 않은 것으로 사료됩니다.

제6절

이 몇 단락을 살펴보니, 사단·칠정이 그렇게 된 까닭을 지극하게 논의하셨는데, 바로 이 부분이 긴요한 대목입니다. 그러나 이치와 기운을 너무 심하게 구분하시어 이른바 기운이란 것이 다시는 이치와 섞이지 않는 것처럼 말씀하셨습니다. 오로지 기운만을 가리켜 말씀하셨기 때문에 그 설명이 한쪽으로 치우친 것이 많습니다. 이제 칠정이 오로지 기운만을 가리켜 말하는 것이 아님을 먼저 논한 뒤에 단락을 좇아서 이해하기를 청합니다.

《중용》에 "희·로·애·락이 아직 발현하지 않은 것을 중中이라 하고, 발현해 모두 절도에 맞는 것을 화和라 한다. 중이란 천하의 큰 근본이고, 화란 천하의 통달한 도다"[60]라고 했습니다. 《중용장구》에서는 "희·로·애·락은 감정이고, 그것이 아직 발현하지 않은 것은 본성인데, 치우치거나 기운 것이 없기 때문에 중이라 한다. 발현해 모두 절도에 맞는 것은 감정의 올바름이며, 어그러진 것이 없기 때문에 화라 한다. 큰 근본이란 천명의 성으로, 천하의 이치가 모두 이것으로 말미암아 나오므로 도의 본체고, 통달한 도는 본성에 따르는 것을 말하는데, 천하 고금이 공통적으로 말미암은 것이니 도의 작용이다"[61]라고 했습니다. 이 말은 본성과 감정의 덕에 관한 것으로 도가 떨어질 수 없다는 뜻을 밝힌 것입니다.

《중용혹문》에 "대개 천명의 성에는 모든 이치가 갖추어져 있어 희·로·애·락에 각각 해당하는 것이 있지만, 그것이 아직 발현되지 않았을 때에는 혼연히 마음 가운데 있어 치우치거나 기움이 없기 때문에 중이라 한다. 그러다 발현에 이르면 모두 마땅함을 얻어 어그러짐이 없기 때문에 화라 한다. 중이란 본성의 덕을 형상한 것으로 도의 본체가 되니, 천지 만물의 이치를 모두 갖추고 있기 때문에 천하의 큰 근본이라고 한다. 화란 감정의 올바름을 드러낸 것이니, 도의 작용으로서 고금의 사람과 사물이 함께 말미암는 것이기 때문에 천하의 달통한 도라고 한다. 대개 '천명의 성'은 순수·지선하며 사람의 마음에 갖추어져 있는 본체와 작용 전체가 본래 모두 이와 같아서 성인이나 어리석은 이나 더함과 덜함이 없다"라고 했습니다. 《중용장구》의 주석을 모은 것 가운데 연평 이씨延平李氏62는 "희·로·애·락이 아직 발현하지 않은 것은 이른바 중이고 본성이지만, 발현해 절도에 맞으면 그것을 화라 하고, 맞지 않으면 불화不和가 있게 된다. 화·불화의 차이는 이미 발현한 뒤에 볼 수 있으니, 이는 감정이지 본성은 아니다. 그러므로 맹자는 본성은 선하다고 했고, 감정은 선하게 될 수 있다고 했는데, 대개 이 설명은 자사에게서 나온 것이다"라고 했습니다.

어리석은 저의 생각으로, 이것을 토대로 칠정의 설을 파악해보면 이른바 칠정이란 과연 오로지 기운만을 가리키는 것이 아님이 확실합니다. 거기다 이천의 〈안자호학론顔子好學論〉63과 주자의 〈악기동정설樂記動靜說〉64이 《중용》의 뜻과 전적으로 부합하며, 그 이유는 자사가 전술하고 이론을 세워 본성과 감정의 덕을 밝혔기 때문입니다. 어찌 그 말에 치우친 것이 있겠습니까? 이천, 연평, 회암 등 여러 선생님의 말도 모두 이와 같은데, 어찌 후학들이 따로 다른 뜻을 만들 수 있겠습니까? 그렇다면 칠정이 어찌 이치와 기운을 겸하고 선과 악을 갖지 않겠으며, 사단이 어찌 칠정 가운데 이치이며 선한 것이 아니겠습니까? 그런데도 사단·칠정을 이치와 기운에 나누어 귀속시키면서 서로 관섭하지 않는다고 하신다면, 한쪽으로 치우친 것입니다.

보내주신 논변에서, "측은·수오·사양·시비가 무엇으로부터 발현하는가? 인·의·예·지의 본성에서 발현한다"라고 하셨습니다. 어리석은 저의 생각에 사단이 진실로 인·의·예·지의 본성에서 발현하지만, 칠정도 인·의·예·지의 본성에서 발현합니다. 만일 그렇지 않다면 주자가 어찌 "희·로·애·락은 감정이지만, 그것이 아직 발현하지 않은 것은 본성이다"라고 했겠으며, 또 어찌 "감정은 바로 본성이 발현한 것이다"[65]라고 했겠습니까?

보내주신 논변에서, "희·로·애·구·애·오·욕은 무엇으로부터 발현하는가? 외적 사물이 사람의 형기에 접촉하면 그 대상으로 인해 마음이 움직여 발출하는 것이다"라고 하셨습니다. 제가 살펴보니, "외적 사물이 사람의 형기에 접촉해 마음 가운데에서 움직인다(外物觸其形 而動於中矣)"라는 구절이 〈호학론〉에 나옵니다. 그러나 본문을 상고해보면, "형기가 이미 생기고 나면 외적 사물이 그 형기에 접촉해 마음 가운데에서 움직이고, 마음이 움직여서 칠정이 나온다"라고 되어 있습니다. 이때 "마음 가운데에서 움직인다(動於中矣)"고 하고, 다시 "그 마음이 움직인다(其中動)"고 한 것은 곧 마음이 감응하는 것입니다. 마음이 감응해 본성의 욕망이 나오니, 이것이 바로 이른바 감정입니다. 그렇다면 감정이 밖으로 드러나는 것은 환경에 따라 나오는 것 같지만, 실제로는 마음 가운데에서 나오는 것입니다.

보내주신 논변에서, "사단이 발현하는 것을 맹자는 이미 마음이라 했다. 마음은 본래 이치와 기운의 결합인데, 맹자가 이치를 위주로 가리켜 말한 이유는 무엇 때문이겠는가? 인·의·예·지의 본성은 순수하게 마음 가운데에 있는데, 사단이 그 마음의 시초가 되기 때문이다"라고 하셨습니다. 어리석은 저의 생각에는 사단·칠정 중 마음에서 나오지 않는 것이 없고, 마음은 곧 이치와 기운이 합해진 것입니다. 그렇다면 감정도 진실로 이치와 기운을 겸한 것이지, 따로 하나의 감정이 이치에서만 나오고 기운을 겸하지 않는 것이 아닙니다. 바로 이 점에 대해 사람들이 진실과 허망을 분별해 알아야 할 것입니다.

보내주신 논변에서, "칠정이 발현하는 것에 대해 주자는 '본래 당연의 법칙이 있다'고 했다. 그렇다면 칠정에 이치가 없는 것이 아닌데도 주자가 기운을 위주로 가리켜 말한 이유는 무엇 때문이겠는가? 그것은 바로, 외적 사물이 오면 쉽게 감응되어 가장 먼저 움직이는 것으로는 형기만 한 것이 없다고 할 수 있는데, 칠정이 바로 그 묘맥이 되기 때문이다"라고 하셨습니다. 그러나 어리석은 제가 〈악기樂記〉를 살펴보면, "사람이 나서 고요한 것은 하늘의 본성이고, 사물에 감응해 움직이는 것은 본성의 욕망이다(人生而靜 天之性也 感於物而動

性之欲也)"66라고 돼 있는데, 주자는 "본성의 욕망이란 바로 이른바 감정이다"67라고 했습니다. 그렇다면 감정이 사물에 감응하여 움직이는 것은 자연의 이치입니다. 대개 감정 가운데에 진실로 이치가 있기 때문에 밖에서 감응하는 것과 서로 계합하는 것이고, 그 가운데에 본래 이치가 없는데도 외적 사물이 와서 우연히 서로 만나 감응해 움직이는 것이 아닙니다. 그렇다면 "외적 사물이 오면 쉽게 감응되어 가장 먼저 움직이는 것으로는 형기만 한 것이 없다고 할 수 있다"라는 한 마디 말씀은 칠정을 설명하는 데에는 맞지 않는 듯합니다. 사물에 감응해 움직이는 것으로 말하면 사단도 역시 마찬가지입니다. 어린아이가 우물에 빠지는 일에는 인仁의 이치가 바로 응해 측은한 마음이 이에 나타나고, 종묘를 지나고 조정을 지나는 일을 감지하면 예禮의 이치가 바로 응해 공경하는 마음이 이에 나타납니다. 사단이 사물에 감응해 나타나는 것이 칠정과 다르지 않습니다.

　보내주신 논변에서, "마음 가운데 있으면 순수 이치이던 것이 어떻게 발현하자마자 기운과 섞일 수 있겠으며, 형기가 외적 사물에 감응하는데 어찌 이치의 본체가 발현할 수 있겠는가?"라고 하셨습니다. 어리석은 저의 생각으로는, 마음 가운데에 있을 때에는 진실로 순수한 천리지만, 이때에는 단지 본성이라고 말할 수 있을 뿐, 감정이라고 할 수는 없습니다. 그것이 발현하면 바로 감정이 되어 화·불화의 차이가 생깁니다. 대개 아직 발현하지 않았을 때에는 오로지 이치일 뿐이지만, 발현하면 바로 기운이 유행합니다. 주자의 원형이정설元亨利貞說에 "원·형·리·정은 본성이고, 생生·장長·수收·장藏은 감정이다"라고 했고, 또한 "인·의·예·지는 본성이고 측은·수오·사양·시비는 감정이다"[68]라고 했습니다. 무릇 생·장·수·장을 감정이라고 하면 곧바로 이치가 기운을 타고 유행하는 실질을 볼 수 있으니, 사단 역시 기운입니다. 주자 제자의 질문 중에도, "측은해하는 것은 기운이고, 기운이 측은해하도록 하는 것은 이치다"[69]라는 것이 있으니 이 말이 더욱 분명합니다. 그러나 그 기운은 순조롭게 발현해 나오지, 뒤집히거나 분잡한 잘못을 갖지는 않습니다.

보내주신 논변에서 칠정은 환경에 따라 나오고 형기에 감응한다고 말씀하신 것은 모두 온당하지 않습니다. 그리고 형기가 외적 사물에 감응하는 것이지 이치의 본체가 아니라고 말씀하신 것은 매우 옳지 못합니다. 만약 그렇다면 칠정은 본성 이외의 다른 어떤 것이지 이른바 화和가 아니니, 또한 크게 옳지 못한 점이 있습니다. 맹자가 기뻐서 잠을 이루지 못한 것은 희喜[70]고, 순임금이 사흉四凶을 죽인 것은 노怒[71]며, 공자가 애통하게 곡을 한 것은 애哀[72]고, 민자閔子·자로子路·염유冉有·자공子貢이 곁에서 모시고 있을 적에 공자가 즐거워한 것은 낙樂[73]이었으니, 이것이 어찌 이치의 본체가 아니겠습니까? 보통 사람들도 저절로 천리를 발현하는 순간이 있습니다. 예를 들면, 부모나 친척을 만나면 흔연히 기뻐하고, 다른 사람의 죽음과 상 혹은 질병과 고통을 보면 측은해하며 슬퍼하는데, 이것이 어찌 이치의 본체가 아니겠습니까? 이 몇 가지를 모두 형기가 한다면 형기와 성정性情이 서로 간섭하지 않는 것이 되니, 어찌 옳다고 하겠습니까?

보내주신 논변에서 "사단은 모두 선하다. 그래서 맹자는 '사단의 마음이 없으면 사람이 아니다'라고 했고, 또한 '감정이란 것은 선하게 할 수 있다'라고 했다"고 하셨습니다. 어리석은 저의 생각에는 이것이 바로 연평 선생이 '맹자의 설이 자사에게서 나왔다'고 이른 것입니다.

보내주신 논변에서 "칠정은 선과 악이 아직 정해지지 않았기 때문에, 마음속에 살펴지지 않은 것이 하나라도 있으면 그 마음은 바른 마음이 아니므로, 반드시 발현한 후에 절도에 맞아야 화라고 한다"라고 하셨습니다. 어리석은 제가 살펴보니, 정자는 "희·로·애·락이 아직 발현하지 않으면 어찌 선하지 않음이 있을 수 있겠는가? 발현해 절도에 맞는다면 가는 곳마다 선하지 않음이 없다"라고 하셨습니다. 그렇다면 사단은 본래 모두 선한 것이지만, 칠정 또한 모두 선한 것입니다. 다만 발현해 절도에 맞지 않으면 한편에 치우쳐 악이 되는 것이니, 어찌 아직 정해지지 않은 선과 악이 있겠습니까? 그런데 "칠정은 선과 악이 아직 정해지지 않았기 때문에"라고 하시고, 또 "마음속에 살펴지지 않은 것이 하나라도 있으면 그 마음은 바른 마음이 아니므로, 반드시 발현한 후에 절도에 맞아야 화라고 한다"라고 하셨으니, 그렇다면 이 칠정은 매우 번잡하고 쓸데없는 것입니다. 더구나 발현해 아직 절도에 맞기 전에는 무슨 명칭을 붙이겠습니까?

또 "마음속에 살펴지지 않은 것이 하나라도 있으면…"이라는 말은 《대학》 전7장에 있는 말[74]로, 그 뜻은 분치忿懥·공구恐懼·호요好樂·우환憂患 이 네 가지는 장소를 가리지 않고 발출하니 먼저 마음 가운데에 두어서는 안 된다는 것입니다. 《중용혹문》에서 "희·로·우·구는 느낌에 따라 응하고, 연妍 〔예쁨〕·치蚩〔추함〕·부俯〔숙임〕·앙仰〔우러름〕은 사물에 근거해 형상이 부여되는 것으로 곧 마음의 작용이다. 어찌 갑자기 바름을 얻지 못할 것이 있겠는가? 오직 사물이 오는데 살펴지 못한 것이 있으면 응함에 혹 잘못이 있을 수 있다. 또한 마음과 사물은 함께 가지 않을 수 없으니, 희·로·우·구가 반드시 마음속에서 움직여 마음이 바름을 얻지 못함이 있게 될 뿐이다"라고 했습니다. 이는 바로 정심正心의 일인데, 이 말을 인용해 칠정을 증명하셨으나 이 둘은 서로 다른 것으로 유사하지도 않습니다.

보내주신 논변에서 자세히 반복하며 분석해주셨지만, 성현의 뜻으로 질정해보면 이처럼 다릅니다. 선생님께서 이르신 대로 "유래하는 곳〔所從來〕에 근거해 각각 주도하는 것〔所主〕과 중한 것〔所重〕을 가리켜 말한다면" 시비곡절을 헤아려 논의해볼 만한 것 같지만, 실제로는 모두 온당하지 않은 듯합니다. 그렇다면 "사단을 이치라 하고 칠정을 기운이라 할 수 있다"고 하신 말씀도 어찌 옳다고 할 수 있겠습니까? 더구나 단지 이름을 붙여 말하는 것에 옳지 않은 것이 있을 뿐만 아니라, 본성·감정의 실상과 존양存養·성찰省察[75]의 공부에도 모두 옳지 않은 부분이 있는 듯합니다. 어떻게 생각하시는지요?

제7절

제가 어떤 견해를 갖고 있는 것은 아닙니다. 그런데 이전에 '사단은 기운에 타고〔四端乘於氣〕 칠정은 본성에서 나온다〔七情出於性〕'라고 한 것에 근거를 두고, 선생님께서는 제가 이치와 기운은 서로 따르고 떨어지지 않는다〔理氣之相循不離〕는 견해를 지니고 있다고 여기시니, 저는 진실로 감당할 수 없습니다. 비루한 저의 뜻은 오로지 여기에 있지 않은데도 선생님께서는 그렇게 간주하시고 역시 말씀을 잘못하신 듯합니다.

사단·칠정에 처음부터 두 가지 뜻이 있는 것은 아니라고 말한 것은, 대개 사단은 이미 칠정에 속해 함께 있으면서, 발현해 절도에 맞는 것과 실상은 같으면서 이름만 달리할 뿐이라는 의미입니다. 그래서 '위로 그 근원을 추구해보면〔推其向上根源〕' 진실로 두 가지 뜻이 없다고 말했을 뿐, 어찌 곧바로 원래 다른 뜻이 없다고 했겠습니까? 만약 곧바로 다른 뜻이 없다고 한다면, 어찌 성현의 가르침과 어긋나지 않겠습니까?

제8절

이 단락에서 논의하신 것은 곧 책을 읽고, 이치를 궁구하는 데에 절실하고 중요한 말씀입니다. 감히 정성을 다해 가슴속에 간직하지 않을 수 있겠습니까? 매우 다행스럽습니다.

제9절

이 몇 단락은 모두 선유들의 옛 설명에 근거한 것입니다. 진실로 논란할 만한 것은 없습니다. 다만 중간에 있는 "한쪽만 가리켜서 오로지 기운만을 말한 것이다"라는 구절은 온당하지 않은 듯합니다. 본성을 가리킬 때에는 비록 기질 가운데 떨어져 있더라도 오로지 기운만 지목할 수는 없습니다. 《논어論語》를 살펴보면, 공자는 "본성은 서로 가깝지만 습관은 서로 멀다"고 했고, 주자는 주註에서 "여기에서 말한 본성은 기질을 겸해 말한 것이다"[76]라고 했습니다. 그렇다면 〔여기서 말하는 바는〕 본성이 위주가 되어 기질을 겸한 것이 됩니다.

《맹자》에 "입이 맛을, 눈이 색깔을, 귀가 소리를, 코가 냄새에 대해서, 사지四肢가 편안함을 추구하는 것은 성性이지만,

명命이 있기 때문에 군자는 이를 본성이라 하지 않는다"라고 했습니다. 그 주석에서 정자는 "다섯 가지를 하고자 하는 것은 성이다. 그러나 분수가 있어 모두 원하는 대로 할 수 없으니, 이것이 바로 명이다"라고 했습니다. 다만 집주輯註에서 주자는 "여기의 '성' 자는 기질을 가리켜서 말한 것이고, '명' 자는 이치와 기운을 합해 말한 것이다"[77]라고 했는데, 이는 의심스러울 수 있습니다. 그러나 《주자어류》를 상고해보니 "맹자는 성이지만 명이 있다고 했는데, 이 성은 기품·식색食色을 겸해 말한 것이다"[78]라고 했습니다. 그렇다면 무릇 성이라고 말한 것은 한쪽만을 가리켜서 기운만을 말하는 것이 아님을 알 수 있습니다. 그런데도 선생님께서는 "한쪽만 가리켜서 오로지 기운만을 말한 것이다"라고 하시니, 아마도 잘못 말씀하신 듯합니다.

또 보내주신 논변에서, 자사가 중·화를 논한 것은 이치와 기운을 혼륜해 말한 것이라고 하셨습니다. 그렇다면 칠정이 어찌 이치와 기운을 겸한 것이 아니겠습니까? 보내주신 논변의 설명도 이처럼 들쭉날쭉하니, 다시 자세히 살펴보심이 어떻겠습니까?

제10절

합치기를 좋아하지만 나누기를 싫어하며, 하나로 뒤섞기를 좋아하고 분석하기를 싫어하는 것이 바로 말학末學의 일반적인 허물입니다. 그러나 비루한 저는 진실로 스스로 그러기를 만족스러워하지 않으니, 저 또한 하나하나 분석하려 했습니다. 사단·칠정이 유래하는 곳과 이치와 기운을 겸하고 선과 악이 있다는 등의 말씀에 대해서는 모두 이미 앞 단락에서 자세히 여쭈었습니다. 그러나 기운이 자연히 발현되는 것을 곧 이치의 본체가 그렇게 하는 것으로 간주했다는 지적에는 할 말이 있습니다.

이치는 조짐이 없고, 기운은 형적이 있습니다. 그래서 이치의 본체는 막연하며 볼 수 있는 형상이 없기 때문에 기운이 유행하는 곳에서 징험할 수 있을 뿐입니다. 정자가 "잘 보는 자는 오히려 이미 발현했을 때 이치를 관찰한다"[79]라고 한 것이 바로 이것입니다. 비루한 저의 설명은 당초부터 이치와 기운을 분별해, 각각 경계가 있으니 서로 섞이지 않는다는 것이었습니다. 기운이 자연히 발현되는 것이 바로 이치의 본체가 그렇게 한 것이라고 함은 이치와 기운이 떨어지고 만나는 곳을 말한 것이지, 이치와 기운을 하나로 여긴 것은 아니었습니다. 《논어》〈자재천상장子在川上章〉[80]의 집주集註에 "천지의 조화는 가는 것은 지나가고 오는 것은 계속되어 한순간도 멈추지 않는 것이며, 이것은 바로 도체의 본연이다"라고 했습니다. 이것이 어찌 기운에서 이치를 인식해 취한 것이 아니겠습니까? 또 어떤 사람이 "이치가 기운 가운데 있으면서 어떻게 발현합니까?" 하고 묻자, 주자는 "음양오행이 뒤섞이더라도 조리와 질서를 잃지 않는 것이 바로 이치다. 그러나 만약 기운이 응결되지 않으면 이치가 부착附着할 곳이 없다"[81]라고 대답했습니다. 그렇다면 기운이 자연히 발현해 지나침과 모자람이 없는 것이 어찌 이치의 본체가 아니겠습니까? 그리고 측은·수오도 어찌 기운의 자연스러운 발현이 아니겠습니까? 그렇게 되는 까닭〔所以然〕이 이치이기 때문에, 이치에서 발현한다고 했을 뿐입니다.

"사단은 이치에서 발현하고 칠정은 기운에서 발현한다"라는 말은 큰 줄기에서는 진실로 옳습니다. 그러나 그렇게 되는 까닭을 끝까지 논한다면 결국 칠정이 발현하는 것은 이치의 본체가 아니라고 하시고, 또 기운이 자연히 발현하는 것도 이치의 본체가 아니라고 하셨습니다. 그렇다면 이른바 이치에서 발현한다는 것을 어디에서 볼 수 있겠습니까? 또 이른바 기운에서 발현한다는 것도 이치의 밖에 있는 것이 되지 않겠습니까? 이 점이 바로 이치와 기운을 너무 심하게 나누어 말한 실수이니, 살피지 않을 수 없습니다.

나정암의 논변은 아직 본 적이 없어서 어떠한 것인지는 모르겠습니다. 다만 말씀하신 한 구절에 의거해보면 잘못이 심합니다. 저는 이치·기운이 하나의 것〔一物〕이라고 말하지도, 이치·기운이 다른 것〔異物〕이라고 말하지도 않았습니다. 비루한 저의 설명에는 애당초 이런 뜻이 없었고 또한 이런 말도 없었습니다. 그런데 선생님께서 참으로 비루한 저의 설명에 합당하지 않은 부분이 있음을 보시고는 취할 만한 것이 없다고 여겨 다시 살피지 않으신 듯합니다. 그렇지 않다면 어떻게 해서 이런 가르침이 있었겠습니까? 다시 밝게 고쳐 주시는 것이 어떻겠습니까?

제11절

일전에 망령되게 비루한 견해로 한 편의 설명을 찬술했습니다. 당시에는 자사가 감정을 '이치와 기운을 겸하고 선과 악이 있다'고 함으로써 혼륜해 말했다고 생각해 전체를 말한 것이라고 하고, 맹자는 감정 가운데 다만 이치에서 발현한 선한 것만을 들어 말했다고 생각해 한쪽만을 떼어냈다고 했습니다. 균등한 감정인데 사단이라 하고 칠정이라 하는 것은 가리켜서 말하는 것이 다를 뿐, 실제로 두 가지 감정이 있는 것은 아닙니다. 그러므로 그 아래에서 다시 결론으로 사단·칠정에 처음부터 두 가지 뜻이 있는 것은 아니라고 했는데, 저는 그 말들이 서로 모순되는지 알지 못하겠습니다. 이번에 깨우쳐주시는 편지를 받고 다시 자세히 미루어 살펴보았으나, 그래도 역시 모순된다는 것을 깨닫지 못했습니다. 이 어찌 스스로를 아는 데 어두워 그런 것이 아니겠습니까? 기운으로써 본성을 논하는 것 역시 비루한 저의 설명이 의도하는 것이 아닙니다. 만약 인욕을 천리로 여기는 폐단이 있다면 마땅히 깊이 살펴 극복하고 다스리겠습니다.

제12절

주자는 진실로 천하 고금의 큰 스승이니, 배우는 이들이 마땅히 삼가 그의 말을 견지해야 옳습니다. 그러나 그 말에는 같거나 다른 곳이 있으니, 또한 자세히 살펴야 합니다. 《중용》의 이미 발현함〔已發〕, 아직 발현하지 않음〔未發〕의 뜻에 대해 주자는 일찍이 "정자가 일반적으로 마음을 가리킬 때는 모두 이미 발현한 것을 가리킨다"라는 언명 때문에 말뜻을 잘못 알았습니다. 남헌南軒[82] 서산西山[83] 등과 힘을 다해 논변한 다음 곧 크게 깨달아, 호남湖南의 여러 명망 높은 분들에게 드리는 서간[84]에서 스스로 자신의 실수를 말하며, "'정자가 일반적으로 마음을 가리킬 때는 모두 이미 발현한 것을 가리킨다'라는 언명은 어린아이의 마음〔赤子之心〕을 가리켜서 말한 것인데 일반적인 모든 마음이라고 하면 잘못된 설명이다. 나는 이를 온당하지 못하다고 여기고 바로잡았는데, 진실로 그 바로잡은 말을 가지고 여러 설명이 모두 잘못되었다고 의심해서는 안 될 것이다. 또한 온당하지 못하더라도 가리키는 것이 다름을 깊이 궁구해야 한다"[85]라고 했습니다. 이 말이 지극히 공정하고 명확하니, 후학들이 마땅히 사표師表로 삼아야 합니다. 그렇다면 "이것은 이치의 발현이고, 이것은 기운의 발현이다"라는 말을 앞뒤에서 논한 것과 다시 서로 참조·비교해보면 그 같고 다른 곡절을 자연히 알게 될 것입니다. 모르긴 해도 후학들은 앞뒤로 갖추어 주도면밀하게 진술한 말을 따라야 하겠습니까, 아니면 한때 우연히 치우치게 한쪽만을 가리켜서 한 말을 따라야 하겠습니까? 따를 것과 버릴 것을 결정하기가 어렵지 않을 듯한데, 선생님께서는 어떻게 생각하시는지 잘 모르겠습니다.

〈천명도〉에 형상을 만들고 종류대로 모아 분석한 것이 자세하고도 구체적으로 나와 있는데, 식견이 여기에 도달하기는 쉽지 않습니다. 그러나 비루한 저의 생각에는 그 사이에 온당하지 않은 곳이 많은 듯하니, 반드시 다시 자세히 따져본 뒤에야 옛사람들의 말과 거의 일치할 수 있을 것입니다. 만약 그렇지 않다고 생각하신다면 설명에 대해 논리를 세워서 그 뜻까지 함께 논파하는 것이 옳을 것입니다. 선유의 옛 설명을 추종해 이처럼 모호한 설을 세워서는 안 될 것이며, 이대로는 이미 스스로를 그르친데다가 장차 남까지 그르치게 될 것입니다. 어떻게 생각하시는지요?

보잘것없고 용렬한 저의 견해를 이처럼 절목에 따라 갖추었습니다. 그러나 그 옳고 그름을 감히 자신할 수 없어 선생님의 질정을 받고자 하니, 부디 선생님께서 자세히 살펴주십시오. 그리고 그 사이에 자세히 살펴보니 아직도 미진한 곳이 있어 감히 번거롭게 다시 아룁니다. 아울러 밝게 가려주시기 바랍니다. 어떠신지요?

제가 우연히 《주자대전朱子大全》을 열람하다가 그 가운데이 뜻을 매우 분명히 논한 곳을 보았습니다. 주자가 호광중胡

廣仲[86]에게 답한 서간에서 말하기를, "이천 선생이 '천지에 쌓인 정기에서 오행의 빼어난 기운을 받은 것이 사람이 되니, 그 근본이 참되고 고요하다. (희로애락이) 아직 발현하지 않았을 때에는 오성五性이 갖추어져 있는데, 인·의·예·지·신이라 한다. 형기가 생겨나면 외적 사물이 형기와 접촉해 마음 가운데에서 움직인다. 마음 가운데에서 움직이면 칠정이 나오는데, 그것을 희·로·애·구·애·오·욕이라 한다. 감정이 너무 왕성해 더욱 방탕해지면 본성이 해를 입는다'라고 하셨다. 내가 이 몇 마디 말씀을 자세히 음미해보니 〈악기〉의 설명과 가리키는 뜻이 같다. 〈악기〉에서 이르는 '고요하다〔靜〕'는 것 역시 아직 감응하지 않았을 때를 가리켜서 말한 것이다. 이때에는 마음에 보존된 것이 혼연한 천리여서 인욕의 거짓이 없기 때문에 '하늘의 본성〔天之性〕'이라 했다. 외적 사물에 감응해 마음이 움직이게 되면 옳음과 그름, 참됨과 망령됨이 여기서부터 나누어진다. 그러나 본성이 아니면 어디에서도 발현할 수 없기 때문에 '본성의 욕망〔性之欲〕'이라 했다. 이곳에서 말한 '움직임〔動〕'이란 《중용》에서 말한 '발현〔發〕'과 같으니, 그 옳음과 그름, 참됨과 거짓됨도 다만 절도가 있는지 없는지, 절도에 맞는지 안 맞는지로 판가름될 뿐이다. 보내준 서간에서 '바로 이곳에서 참됨과 망령됨을 알아야 한다'고 한 것이 바로 이것이다. 그러나 모름지기 평일에 함양涵養의 공부가 있어야 일에 임했을 때 바야흐로 참됨과 망령됨을 알 수 있다. 만약 망연히 주재함이 없다가 일이 일어난 뒤에 안배한다면 이미 느슨해져 일에 미치지 못할 것이다"[87]라고 했습니다.

주자는 호백봉胡伯逢[88]에게 답한 서간에서 "대개 맹자가 '본성은 선하다(性善)'라고 한 것은 그 본체를 가지고 말한 것이다. 인·의·예·지가 아직 발현하지 않은 것이 이것이다. 맹자가 '선하게 할 수 있다(可以爲善)'라고 한 것은 본성이 작용한 것을 가지고 말한 것이다. 사단의 감정이 발현해 절도에 맞은 것이 그것이다. 대개 본성과 감정은 비록 아직 발현하지 않음과 이미 발현했음의 차이가 있지만, 이른바 선이라는 혈맥이 관통해 일찍이 같지 않음이 없다고 했다. 그리고 스스로 주석하기를, 정자가 '희·로·애·락이 아직 발하지 않았는데 어찌 선하지 않음이 있겠으며, 발현해 절도에 맞으면 가는 곳마다 선하지 않음이 없다'고 한 것이 바로 이것이다"[89]라고 했습니다.

이 두 편의 서간을 보면 그동안 논변한 것에 대해 결단하기가 어렵지 않을 것입니다. 선생님께서도 필시 이미 이 서간을 보셨으리라 생각됩니다. 그러나 아마도 아직 자세히 따져보지 않으신 듯하니, 지금 함께 거론해 질정해주시기를 구합니다. 선생님께서는 어떻게 생각하시는지요?

제가 오늘날 명망이 높은 분들과 큰 학자들을 가만히 살펴보니, 성리학을 하는 사람들이 적지 않습니다. 비록 얕고 깊음과 성글고 정밀함에서는 각각 성취한 것이 있겠지만, 의논에서 대부분 하나의 궤도만을 따르고 있습니다. 이것은 아마도 세상에서 서로 전해지는 말에 일종의 가지와 마디가 있어 그러한 듯합니다. 사단·칠정의 학설에 대해서도 일찍이 연장자들의 말을 들으니, 역시 이치와 기운으로 나누어 귀속시킨다고 했습니다. 저는 마음속으로 의혹이 들어 질문하려 했습니다. 그러나 저 자신을 돌이켜보니 원래 공부한 것이 없어 감히 쉽게 발언할 수가 없었습니다. 그래서 묵묵히 말도 못하면서 어지럽게 생각한 지 여러 해가 되었습니다. 이제 다행히 선생님을 만나 어리석은 말들을 늘어놓았습니다. 비록 참람한 죄는 감히 면할 수 없지만, 끝내 가려진 의혹을 거의 걷어내게 되었으니, 매우 다행입니다.

일찍이 상고해보니, 오늘날 본성과 감정에 대해 논하는 자들이 지닌 병통의 근원은 대개 운봉 호씨雲峯胡氏[90]로부터 나온 듯합니다.《대학大學》경1장 제4절 집주를 상고해보면 호씨는, "본성이 발현해 감정이 되는데, 처음에는 선하지 않음이 없다. 마음이 발현해 의지(意)가 되는데, 거기에는 선·불선이 있다"라고 했습니다. 이 몇 구절은 본래《대학장구大學章句》의 '소발所發(발현되는 바)'이라는 두 글자를 해석한 것입니다. 그러나 그 말에 폐단이 있어서 마침내 학자들이 따로 의견을 내, 감정도 선하지 않음이 없으며, 사단이 거기에 해당한다고 여겼습니다. 그런데 그렇게 하자 이른바 칠정이란 것을 해당시킬 곳이 없게 되었고, 칠정 가운데에는 선하지 않은 것도 있어 사단과 상반되는 것처럼 되었습니다. 그래서 또 칠정은 기운에서 발현한다고 갈래를 나누어 말했습니다. 그러니 본성은 선하지 않음이 없는데 본성이 막 발현하면 바로 감정이 되고, 감정에는 선과 불선이 있음을 어찌 알겠습니까? 또 맹자가 '감정은 선하게 할 수 있다'라고 말한 것이 선한 한쪽만 떼어내어 말한 것임을 어찌 알겠습니까? 이 때문에 의견들이 어그러지고 그릇되어 각각 유래하는 곳이 있다고 하는 데에 이르게 되었으니 어찌 잘못이 아니겠습니까? 대체로 각기 유래하는 곳이 있다는 것은 그 원두原頭의 발단이 다르다는 말입니다. 사단·칠정이 모두 본성에서 발현하는데 각기 유래하는 곳이 있다고 하면 옳겠습니까? 사단·칠정에서 절도에 맞는 것과 맞지 않는 것을 가지고 각기 유래하는 곳이 있다고 하면 혹 도리에 가까울 수도 있습니다. 이러한 모든 병통의 근원은 호씨의 잘못인데, 후대 학자들이 신중히 생각하고 밝게 변별함으로써 지극히 당연한 귀결을 구하지 않으니, 진실로 한탄스럽습니다. 이렇게 함부로 말하다니, 매우 참람합니다. 그러나 선생님께서 끝내 죄라고 여기지 않으시고 다시 세밀히 살펴주신다면 아마도 만분의 일이나마 도움이 없지는 않을 것입니다.

또 〈주자성도朱子性圖〉[91]에서 '성선性善'이라 한 것은 본성을 말합니다. 그러므로 스스로 주석을 달아 "본성은 선하지 않음이 없다"고 했습니다. 그 아래 선과 악을 함께 나열한 것은 감정을 말합니다. 그러므로 '선善' 자 밑의 주석에 "발현해 절도에 맞아 가는 곳마다 선하지 않음이 없다" 하고, '악惡' 자 밑의 주석에 "악은 선 중에서 곧장 나오는 것이라 할 수 없다. 선할 수 없으면 한쪽에 치우쳐서 악이 되는 것이다"라고 했습니다. 이 도안은《성리대전性理大全》29권에 보이니 살펴보십시오.

사단의 감정은 이치에서 발현해 선하지 않음이 없음은 맹자가 가리키는 것에 따라 말한 것입니다. 만약 감정이라는 말을 넓게 잡고 지세히 논한다면, 사단이 발현하는 데에도 절도에 맞지 않는 것이 있으니, 본래는 모두 선하다고 할 수 없습니다. 예를 들면 보통 수오해서는 안 될 것을 수오하는 경우도 있고, 시비해서는 안 될 것을 시비하는 경우도 있습니다. 대개 이치가 기운 가운데 있다가 기운을 타고 발현할 때, 이치는 약하고 기운은 강해 이치가 관섭하지 못하고 감정이 유행하게 되면, 이런 경우가 발생합니다. 그러니 어찌 감정에 선하지 않음이 없다고 할 수 있으며, 또 어찌 사단에 선하지 않음이 없다고 할 수 있겠습니까? 학자들은 이것을 정밀히 살펴야 합니다. 만약 참됨과 망령됨을 분별하지 않고, 단지 선하지 않음이 없다고만 한다면 인욕을 천리로 잘못 생각하는 폐단이 이루 다 말할 수 없을 것입니다. 어떻게 생각하십니까?

제가 종래에 진술한 것은 모두 사단을 이치라 하고 선하다고 한 것입니다. 그런데 지금에 와서는 사단이 발현하는 데에 절도에 맞지 않는 것이 있다고 했습니다. 이 말들은 서로 모순이 되니, 선생님께서 괴이하게 여기시리라 생각됩니다. 그렇지만 궁구해 말하면, 이러한 도리가 있기에 또한 하나의 설명이 될 수도 있습니다. 삼가 바라건대, 생각해보시고 논의해보시는 것이 어떻겠습니까?

또 지난 서간에서 참람하게도 '이치는 허하여 상대가 없다〔理虛無對〕'[92]는 말과 '마음의 허함과 신령스러움〔心之虛靈〕을 이치와 기운에 나누어 귀속시켰다'는 등의 말을 온당하지 않다고 여겨 여쭈었습니다. 이제 가르침을 받고 그 설명의 근거를 구했으니, 어찌 감히 숨길 것이 있겠습니까? 이 두 조목을 살펴보니, 역시 근자에 나온 이론으로 아마도 성현의 본지本旨가 아닌 듯합니다. 주자가 말하기를, "천하의 이치는 지극히 허함 가운데 지극한 실함이 존재하고, 지극히 무함 가운데 지극히 유함이 있다〔天下之理 至虛之中 有至實者存 至無之中 有至有者存〕"[93]라고 했습니다. 그렇다면 이치는 비록 허한 것 같지만, 진실로 그 본체가 본래 허하다고 할 수는 없습니다.

어떤 사람이 태허太虛를 묻자 정자는 "역시 태허는 없는 것이다"라고 하고서 허를 가리켜 말하기를, "모두가 이치인데, 어찌 허하다고 할 수 있는가? 천하에 이치보다 더 실한 것이 없다"[94]라고 했습니다. 그렇다면 이치는 본래 이렇게 실한 것인데 어찌 허하다고 할 수 있겠습니까? 선생님께서 "허한 것이기 때문에 상대가 없고, 상대가 없기 때문에 사람이나 사물에 있어 진실로 더함도 덜함도 없이 한결같다"라고 하신 것도 이치를 설명한 데서 벗어나지 않는 듯합니다. 그러나 무릇 이치에 더함도 덜함도 없는 것이 어찌 허하여 상대가 없기 때문이겠습니까? 만약 상대가 없기 때문에 더함도 덜함도 없다고 한다면, 이른바 이치라는 것이 모호함과 명함 사이에 있게 될까 두렵습니다.

마음이란 허령불매虛靈不昧[95]한 것이 본연의 체입니다. 주자는 마음을 논한 곳마다 매번 허령이라 말하고, 혹은 허명虛明, 혹은 신명神明이라 말하기도 했습니다. 이는 모두 오로지 마음의 본체만을 가리켜서 말한 것이며, 일찍이 허虛와 영靈을 이치와 기운에 나누어 귀속시키지는 않았습니다. 대개 허령한 것은 기운이고 허령한 까닭은 이치 때문입니다. 그러므로 마음을 논하는 사람이 허령이라고 한 것은 오로지 본체만을 가리켜서 말한 것이고, 허령지각虛靈知覺이라고 한 것은 본체와 작용을 겸해 말한 것입니다.

《대학집주大學輯註》에서 북계 진씨北溪陳氏[96]가 말하기를, "인생은 천지의 이치를 받고 또 천지의 기운을 받아 태어나니, 천지의 이치와 천지의 기운이 합한 것이 허령하게 되는 까닭이다"라고 했는데, 이 말이 간략하고 절실한 맛이 있습니다. 그렇지만 이때는 아직 허를 이치에, 영을 기운에 나누어 귀속시키지 않았습니다. 그런데 옥계 노씨玉溪盧氏[97]에 이르러 곧 '허·영' 두 글자를 분석해 '허'를 '적寂〔고요함〕', '영'을 '감感〔감응함〕'이라 하고, 각각 '모든 이치를 갖추고 있음〔具衆理〕'과 '온갖 사태에 응함〔應萬事〕'으로 나누어 귀속시켰습니다. 이는 '경'을 해설하면서 옛 학설을 무시하고 새로운 학설을 펴는〔說經新巧〕 폐단으로서, 정자나 주자의 설명으로 궁구해보면 합당하지 않은 듯합니다. 그러나 노씨의 뜻은 다만 '허·영' 두 글자를 가지고 《대학장구》의 말뜻을 분별해, 허하기 때문에 온갖 이치를 갖출 수 있고 영하기 때문에 온갖 사태에 응할 수 있다고 한 것일 뿐, 허를 이치라고 하고 영을 기운이라고 한 것은 아닙니다.

그런데 선생님께서 지금 도안을 만들어 "하늘이 사람에게 명을 내리는데, 기운이 아니면 이치가 깃들 수 없고 마음이 아니면 이치와 기운이 깃들 곳이 없다. 그러므로 사람의 마음은 허하고 또 영하여 이치와 기운의 집이 되는 것이다"라고 하시면서, '허虛' 자 밑에 '이理'라고 주석을 달고 '영靈' 자 밑에 '기氣'라고 주석을 다셨습니다. 이는 나누고 쪼갠 것이 너무 심할 뿐만 아니라, 도리에도 맞지 않습니다. 이 두 조목은 아마도 세상에서 서로 전하는 말인 듯합니다. 비록 이치에 장애가 되지는 않겠지만, 이러한 세상의 비루한 견해는 논변하고 궁구해 논파해야 마땅합니다. 그런데 도리어 그것을 취해 설을 만들어 후세에 전하려 하시니, 이는 장차 배우는 사람들로 하여금 서로 허무한 논변을 하여 노老·불佛의 영역으로 빠지게 하는 것이므로, 어찌 옳다고 하겠습니까? 이것이 실로 비루한 저의 생각에는 온당하지 않게 여겨집니다. 선생님께서는 어떻게 생각하시는지요?

외람되이 엉성하고 보잘것없는 학문으로 선배를 망령되이 논박하는 것이 참람하고 경솔한 일이 된다는 것은 잘 알고 있습니다만, 그렇다고 말을 하지 않는다면 어떻게 강구講究할 수가 있겠습니까? 그렇기 때문에 깊이 생각하지 않고 할 말을 다했으니, 선생님께서 아울러 너그럽게 살펴주시면 매우 다행이겠습니다. 저는 그사이 또 의문이 산적해 질문 드리고 싶은 것이 한두 가지가 아닙니다. 서찰로 써서 전하는 것이어서 말을 다하지 못했습니다. 그러니 그저 가슴을 부여잡고 길게 탄식하면서 선생님 계신 동쪽을 바라보며 눈물만 흘릴 뿐입니다. 어떻게 하면 좋겠습니까? 삼가 바라건대 자세히 헤아려주십시오. 대승大升은 삼가 머리를 조아리고 거듭 절하면서 말씀드립니다.

5. 기명언에게 답함: 사단칠정을 논한 두 번째 서간〔答奇明彦 論四端七情第二書〕[98]

얼마 전에 깨우쳐주시는 두 번째 서간을 받고, 제가 앞서 보낸 서간의 말이 엉성하고 잘못되었으며, 형평을 잃은 곳도 있음을 알았습니다. 이제 삼가 수정해 개본改本을 먼저 실어 옳고 그름을 묻고, 그 뒤에 두 번째 서간을 이어서 보내니, 회답하여 분명한 가르침을 주시기 바랍니다.

개본改本[99]

① 기운을 부여받아 생성된 이후를 가리켜 말하면서 순수 '본연의 성〔本然之性〕'이라고 혼칭混稱할 수는 없기 때문입니다.

→ 〔①의 개본〕 기운을 부여받아 생성된 이후를 가리켜 말한다면, 순수 '본연의 성'이라고 말할 수가 없기 때문입니다.

② 인·의·예·지의 본성은 순수하게 마음 가운데에 있는데, 이 네 가지는 그 단서가 되기 때문입니다. 칠정이 발현하는 것에 대해 주자는 "본래 당연의 법칙〔當然之則〕이 있다"고 했습니다. 그렇다면 칠정에 이치가 없지 않은데도 주자가 기운을 위주로 가리켜 말한 것은 무엇 때문이겠습니까? 그것은 바로, 외적 사물이 오면 쉽게 감응되어 가장 먼저 움직이는 것으로는 형기만 한 것이 없다고 할 수 있는데, 칠정이 바

로 그 묘맥이 되기 때문입니다. 마음 가운데 있으면 순수 이
치이던 것이 어떻게 발현하자마자 기운과 섞일 수 있겠으며,
형기가 외적 사물에 감응하는데 어찌 이치의 본체가 발현할
수 있겠습니까? 사단은 모두 선합니다. 그래서 〔맹자는〕 "사단
의 마음이 없으면 사람이 아니다"라고 했고, 또한 "감정이란
것은 선하게 할 수 있다"라고 했습니다. 칠정은 선과 악이 아
직 정해지지 않았기 때문에 마음속에 살펴지지 않은 것이 하
나라도 있으면 그 마음은 바른 마음이 아니므로, 반드시 발
현하여 절도에 맞은 뒤에야 화라고 합니다. 이러한 점에서
미루어보면 사단·칠정이 모두 이치와 기운에서 벗어난 것은
아니지만, 어찌 유래하는 곳〔所從來〕에 근거해 각각 주도하는
것〔所主〕과 중한 것〔所重〕을 가리켜 어떤 것은 이치라 하고 어
떤 것은 기운이라고 말할 수 없겠습니까?

→ 〔②의 개본〕 인·의·예·지의 본성은 순수하게 마음 가운
데에 있는데, 이 네 가지는 그 단서가 되기 때문입니다. 칠정
이 발현하는 것에 대해 정자는 "마음에서 움직인다"고 했고,
주자는 "본래 당연의 법칙이 있다"고 했습니다. 그렇다면 칠
정에 이치가 없지 않은데도 주자가 기운을 위주로 가리켜 말
한 것은 무엇 때문이겠습니까? 그것은 바로, 외적 사물이 오
면 쉽게 감응되어 가장 먼저 움직이는 것으로는 형기만 한
것이 없다고 할 수 있는데, 칠정이 바로 그 묘맥이 되기 때문
입니다. 마음 가운데 있으면 순수 이치이던 것이 어떻게 발

현하자마자 기운과 섞일 수 있겠으며, 형기가 외적 사물에 감응하는데 어찌 이치의 본체가 발현하고 기운은 발현하지 않을 수 있겠습니까? 사단은 모두 선합니다. 그래서 〔맹자는〕 "사단의 마음이 없으면 사람이 아니다"라고 했고, 또한 "감정이란 것은 선하게 할 수 있다"라고 했습니다. 칠정은 본래 선하지만, 악으로 흐르기 쉽기 때문에, 발현해 절도에 맞는 것을 화라고 하고, 마음속에 살펴지지 않은 것이 하나라도 있으면 그 마음은 바름을 얻지 못합니다. 이러한 점에서 미루어보면 사단·칠정이 모두 이치와 기운에서 벗어난 것은 아니지만, 어찌 유래하는 곳에 근거해 각각 주도하는 것을 가리켜 어떤 것은 이치라 하고 어떤 것은 기운이라고 말할 수 없겠습니까?

③ 공자가 말한 상근相近·상원相遠의 성性과 맹자가 말한 이·목·구·비의 성은 모두 이치와 기운이 서로 이루어진 가운데 한쪽만 가리켜서 오로지 기운만을 말한 것입니다.

→ 〔③의 개본〕 공자가 말한 상근·상원의 성과 맹자가 말한 이·목·구·비의 성은 모두 이치와 기운이 서로 이루어진 가운데 겸해 가리켰지만, 기운을 위주로 말한 것입니다.

④ 그러나 끝에 가서는 기운이 자연히 발현되는 것을 곧 이치의 본체가 그렇게 하는 것으로 간주했으니, 결국 이치와 기운을 하나로 여겨〔以理氣爲一物〕 분별함이 없습니다. 근세

에 나정암羅整菴이 이치와 기운은 다른 것이 아니다〔理氣非異物〕라는 설을 주창하며, 심지어 주자의 설이 옳지 않다고까지 했습니다. 저는 학문이 모자라 그 뜻을 깨닫지 못했지만, 보내주신 서간의 뜻 역시 이와 흡사하다고 생각하지 않습니까?

→ 〔④의 개본〕 그러나 끝에 가서는 기운이 자연히 발현되는 것을 곧 이치의 본체가 그렇게 하는 것으로 간주했으니, 결국 이치와 기운을 하나로 여겨 나눌 것이 없다고 생각한 것입니다. 만약 이치와 기운을 하나로 여겨 나눌 것이 없다고 생각하신다면, 제가 감히 알 바 아닙니다. 그렇지 않고 공께서도 또한 과연 하나가 아니라고 여겨 분별할 것이 있다고 생각했기 때문에 '본체本體'라는 말 아래 '그렇다〔然也〕'라는 두 글자를 놓은 것이라면, 어찌 〈천명도〉에서 분별해 말한 것만 가지고 옳지 않다고 하십니까?

지난번에 멀리서 저의 부족한 글을 깨우쳐주시면서, 논변한 《사단칠정서》 한 권까지 덧붙여 보내주셨습니다. 이 어리석고 망령된 사람을 버리지 않으시고 성심껏 깨우쳐주신 뜻이 지극히 깊고 간절합니다. 하필 그때 조금 번거로운 일이 있어 이 문제에 대해 마음을 다해 궁구하고 뜻을 다할 수 없어서, 문득 떠오르는 대로 먼저 대략적인 회답을 적어 돌아가는 인편에 부쳤습니다. 비로소 병이 조금 차도가 있어 깊이 읽고 사색해 서론의 일부라도 엿보려 했더니, 취지가 못과 같이 깊고 인용한 것이 넓고 해박하며, 구사하신 말과 논변이 끝이 없고 헤아릴 수 없어서, 이 늙은이의 쇠약한 정력으로는 수많은 의리를 망라할 수 없었습니다. 이는 마치 용문龍門에 물을 터놓고 조각배 하나로 원류를 찾는 것과 같아 참으로 어려웠습니다. 그러나 여러 날 동안 물길을 따라 오르내린 끝에 작은 물줄기의 끝이라도 보게 된 것 같습니다. 저의 지난번 설명에서 잘못된 것을 보게 되었고, 또한 그로 인해 새로 알게 된 유익함도 있으니, 학문이 강론의 도움을 받는 것이 어찌 적다고만 하겠습니까? 매우 다행스럽습니다.

제 설명의 잘못된 부분을 삼가 고쳐 전면에 기록해 옳고 그름을 묻고 나서, 보내온 논변을 처음부터 끝까지 하나씩 조목에 따라 대답해 저의 뜻을 드러내려고 했습니다. 하지만 앞뒤의 여러 설명이 서로 얽혀서 요점을 추려내기가 쉽지 않았습니다. 일일이 본문의 순서에 따라 설명을 하려니 산만하고 중복되어, 도리어 불분명하고 막히게 될 것 같았습니다. 그래서 삼가 전편全篇의 조목마다 대요를 추려 같은 것끼리 모아서 대략이나마 순서를 만들었습니다. 그런 다음 어리석은 저의 견해로 헤아려보니, 서로의 견해에서 같은 것과 다른 것, 긍정할 수 있는 것과 없는 것들 간에 정리하기 어려운 것들이 있었습니다. 대개 공의 말에는 본래 병통이 없는데 제가 잘못 보고 망령되게 논한 것도 있고, 가르침을 받고 나서 저의 말이 형평을 잃은 곳이 있었음을 깨달은 것도 있으며, 보내주신 가르침과 비루한 제가 들은 것과 본질적으로 같아 차이가 없는 것도 있고, 근본은 같지만 방향이 다른 것도 있으며, 견해가 달라 끝내 긍정할 수 없는 것도 있었습니다. 이제 이 다섯 가지를 아래와 같이 종류별로 구분해 조목별로 나열하겠습니다.

제10절, 기운이 자연히 발현되는 것을 곧 이치의 본체가 그렇게 하는 것이라고 말한 것(주신 서간은 저의 지난번 서간을 12절로 만들었습니다).

이상 한 조목은 공의 본래 말에 병통이 없는데 제가 잘못 보고서 망령되게 논했던 것입니다. 이제 고칩니다.

제6절, 칠정이 오로지 기운만은 아니라는 설명/두 번째 논변의 말씀에서 감정이 비록 대상에 따라 나오는 것 같지만 사실은 마음 가운데에서부터 나오는 것이라는 설명/일곱 번째 논변의 말씀에서 선악이 정해지지 않았다는 설명.

제9절, 한쪽만을 가리켜서 기운만을 말했다는 설명.

이상 네 조목은 서간을 받고서 저의 말이 형평을 잃었음을 깨닫고서 또한 고칩니다.

제1절,《주자어류》의 마음·본성·감정을 논한 것을 인용

한 세 조목.

제4절, 주자가 진잠실陳潛室에게 답한 서간을 인용해 가리켜서 말한 것이 다름을 밝힌 것.

제5절, 주자의 설명을 인용한 첫 번째 조목에서 기운과 본성이 섞이지 않음을 밝힌 것/두 번째 조목에서 기품이 다르기 때문에 천명도 다르니 역시 본성이라 하지 않을 수 없음을 밝힌 것/세 번째 조목에서 천명의 성이 본원의 궁극의 성이라고 한 것/다섯 번째 조목에서 정자와 장자가 비로소 기질을 말했다고 한 것.

제6절, 《중용장구》, 《중용혹문》, 연평의 설, 정자의 호학론, 주자의 동정설을 인용해 모두 칠정이 이치와 기운을 겸함을 밝혔다는 것.

이상 열세 조목은 저의 견문과 본래 같아 다르지 않기 때문에 더 이상 재론하지 않겠습니다.

제1절, 천지의 성은 오로지 이치만을 가리키고, 기질의 성은 이치와 기운을 섞은 것이고, 〔사단이〕 이치의 발현이라고 한 것은 진실로 그러하지만 〔칠정이〕 기운의 발현이라고 한 것은 오로지 기운만을 가리킨 것이 아니라는 것.

제5절, 천지와 사람·사물을 이치와 기운으로 분별하는 것은 해로울 것이 없지만, 본성을 가지고 논하면 이치가 기운 가운데 떨어져 있는 것이며, 감정을 가지고 논하면 본성이

기질 속으로 떨어져서 이치와 기운을 겸하고 선과 악이 있는 것이니, 〔사단·칠정을 이치와 기운에〕 나누어 귀속시키는 것은 온당하지 않다고 한 것.

제6절, 첫 번째 논변의 말씀에서 칠정 역시 인·의·예·지에서 발현한다고 한 것/세 번째 논변의 말씀에서 별개로 〔사단이라고 하는〕 하나의 감정이 있어 이치에서만 나오고 기운에서 나오지 않는 것이 아니라고 한 것/네 번째 논변의 말씀에서 마음 가운데 이치가 없는데 외적 사물이 다가와서 우연히 서로 감동되는 것이 아니며, 외적 사물에 감동하는 것은 사단도 같다고 한 것/다섯 번째 논변의 말씀에서 이미 발현하면 바로 기운을 타서 운행된다고 말하고 사단도 또한 기운이라고 말한 것.

제7절, 위로 그 근원을 추구해보면 원래 두 가지 뜻이 있지 않다는 것.

제9절, 무릇 본성이라고 하는 것은 한쪽만 가리켜서 기운만을 말한 것이 아니라는 것과 칠정 역시 이치와 기운을 겸했다는 것.

이상 여덟 조목은 근본은 같으나 방향이 다릅니다.

제1절, 〔칠정과 사단이〕 실상은 같으면서 이름만 달리한다는 것과 칠정 이외에 다시 사단이 있는 것이 아니므로 사단·칠정에 다른 뜻이 있는 것이 아니라는 것.

제2절, 넓게 논의하면 옳지 않다고 할 수 없지만 도안을 작성해 나눈 것이 너무 심해 사람들을 그르치게 될까 봐 염려된다는 것/혹 선하지 않음이 없다고 하기도 하고 혹 선악이 있다고 하기도 한다면 사람들이 두 개의 감정이 있고 두 가지의 선이 있다고 의심할까 봐 염려된다는 것.

제3절, 보내주신 논변에서 사단·칠정이 각각 유래하는 곳이 있으니 말하는 것만 다른 것이 아니라는 것.

제5절, 주자의 설을 인용한 네 번째 조목에서 맹자는 한쪽만을 떼어내어 말했고 이천은 겸해 말했으나, 요약하면 서로 떨어질 수 없다는 것.

제6절, 다섯 번째 논변의 말씀에 "보내주신 논변에서 '칠정은 밖으로 형기에 감응한 것이지 이치의 본체가 아니다'라고 한 것은 매우 옳지 못하다. 만약 그렇다면 칠정은 본성 이외의 것이다…맹자가 기뻐서 잠을 이루지 못한 것은 희喜고, 순임금이 사흉을 죽인 것은 노怒며, 공자가 애통하게 곡을 하신 것은 애哀고, 민자·자로·염유·자공이 곁에서 모시고 있을 적에 공자께서 즐거워하신 것은 낙樂이었으니, 이것이 어찌 이치의 본체가 아니겠는가?"라고 한 것/일곱 번째 논변의 말씀에서 "마음속에 살펴지지 않은 것이 하나라도 있다"는 것/그 끝부분의 유래하는 곳이 있는 것과 위주로 한다는 것을 논한 설명이 옳지 못하다고 한 것.

제12절, "주자도 잘못 알아 '마음이란 모두 이미 발현한 것

을 가리켜서 말한 것이다'라고 했다가 오랜 뒤에야 깨달았다"고 하고서 이어 주자가 말한 이치의 발현·기운의 발현이라는 말은 우연히 치우치게 한쪽만을 가리킨 것이라고 말한 것.

이상 아홉 조목은 의견이 서로 달라 끝내 따를 수 없습니다. 이상의 조목은 모두 뒤에 논변해두었습니다.

비록 보내주신 서간의 내용이 종횡으로 바뀌고 많은 곡절이 오고 갔지만, 요약하자면 제가 잘못 본 한 조목을 제외하면 대체로 네 가지 절목(截)으로 분류되고, 이 네 가지 절목은 다시 두 가지 절목에 불과합니다. 왜 그런가 하면, 서간을 받고 제가 형평을 잃었음을 깨달은 것은 진실로 모두, 근본은 같은 종류이며, 근본은 같지만 방향은 끝내 따를 수 없는 것으로 귀결되기 때문입니다.

예를 들어 자세히 말해보겠습니다. 대저 이치와 기운은 서로 떨어지지 않으며 칠정은 이치와 기운을 겸한다는 것은 저도 일찍이 선유의 설에서 보았습니다. 그래서 지난 논변에서 만일 본성과 감정을 통괄해 논한다면 "이치가 없는 기운은 없고, 또한 기운이 없는 이치도 없다", 사단을 논한다면 "마음은 진실로 이치와 기운의 합이다", 칠정을 논한다면 "이치가 없는 것이 아니다"라고 여러 번 말했습니다. 이와 같이 말한 것이 하나둘이 아니었으니, 저의 견해가 두 번째 종류의 열세 조목(견해가 서로 같아 다르지 않은 것)과 무엇이 다르겠습니까? 그런데도 첫 번째 종류의 네 조목(고봉의 서간을 받고 퇴계가 스스로 형평을 잃었음을 깨달았다는 것)에 잘못된 설명이 있음을 면하지 못했는데, 이는 제가 입과 귀로 하는 학문(口耳之學)만 해 마음에 터득된 것이 없이 헤아려 말했기 때문이니, 형평을 잃고 병통이 있었습니다. 매우 두려운 일입니다. 그러나 제가 개정한 말을 자세히 보면, 공의 가르침에 기인해 깨달은 것이 있어 이내 근본이 같은 뜻으로 돌아왔음을 알 수 있을 것입니다.

주자는 "공영달孔穎達[100]은 설법揲法(점칠 때 시초蓍草를 세어 괘卦를 얻는 법)을 알지 못한 것이 아니라 그것에 익숙하지 않았기 때문에 말이 쉽게 어긋났다"[101]라고 했습니다. 이것은 군자가 남을 배려하는 말입니다. 그러나 제가 학문을 논하는 데 이와 같이 쉽게 어긋난 것은 제 마음이 진실을 알지 못했기 때문입니다. 스스로 처할 곳을 모른다면 입을 다물고 말하지 않아야 마땅합니다. 그러나 이미 다른 견해가 있는데도 할 말을 다 하지 않는다면, 학문을 강론·연마해 유익함을 추구하려는 길이 아닙니다. 그러므로 의견이 일치하는 앞의 두 절목은 논하지 않고, 뒤의 두 절에 대해서만 감히 의견을 같이할 수 없는 뜻을 구차하지만 논해보겠습니다.

사단에 기운이 없는 것이 아니고 칠정에 이치가 없는 것이 아니라는 것은 공께서만 말씀하신 것이 아니라, 저 역시 그렇게 말했습니다. 우리 두 사람만이 그렇게 말한 것이 아니라, 선유들도 이미 그렇게 말했습니다. 선유들도 억지로 그렇게 말한 것이 아니라, 하늘이 부여하고 사람이 받은 것의 원류와 맥락이 본래 그러합니다. 공과 저의 견해가 처음에는 같았으나 끝에서 다른 것은 다른 이유가 아닙니다. 공의 생각은 '사단·칠정이 모두 이치와 기운을 겸한 것으로 실상은 같고 이름만 달리하는 것(同實異名)이므로 이치와 기운에 나누어 귀속시켜서는 안 된다'는 것입니다. 제 생각은 '다른 것 가운데 같은 것이 있음을 볼 수 있기 때문에 둘을 섞어서 말한 것이 많으며, 같은 것 가운데 다른 것이 있음을 알기 때문에 둘을 가지고 이치를 위주로 한 것과 기운을 위주로 한 것으로 본래부터 달리 말해왔으니, 사단·칠정을 이치와 기운에 나누어 귀속시키면 옳지 않을 것이 있겠는가?' 하는 것입니다.

이러한 원리에 대해 이전에 제가 한 말에 비록 간혹 허물이 있다고 하셨지만, 그 주된 뜻은 실로 유래하는 곳이 있었습니다. 그런데 보내주신 성대한 논변에서 한결같이 모두 배척되어, 글귀 한 편, 글자 한 자도 옳게 여겨진 것이 없습니다. 지금 다시 논의·설명해 그러한 까닭을 밝힌다고 하더라도 신뢰를 얻는 데 도움은 되지 않고 그저 논쟁을 부추기는 잘못만 범하게 될까 봐 두렵습니다.

가르쳐주신 논변(辯誨)에서 "천지의 성은 오로지 이치만을 가리킨 것이고 기질의 성은 이치와 기운을 섞은 것이니, 이치가 발현한 것은 진실로 그러하지만 기운이 발현한 것은 오로지 기운만 가리킨 것이 아니다"라고 하셨습니다.

저는 다음과 같이 생각합니다. 천지의 성은 진정 오로지 이치만을 가리키는 것입니다. 그러나 모르겠습니다만, 천지의 성에는 단지 이치만 있고 기운은 없는 것입니까? 천하에 기운이 없는 이치는 없으니, 이치만 있을 수는 없습니다. 그런데도 오로지 이치만을 가리켜서 말할 수 있다면, 기질의 성이 비록 이치와 기운이 섞인 것이지만 어찌 기운만을 가리켜서 말할 수 없겠습니까? 하나는 이치가 위주가 되기 때문에 이치를 가지고 말한 것이고, 하나는 기운이 위주가 되기 때문에 기운을 가지고 말한 것일 뿐입니다. 사단에도 기운이 있지만 이치의 발현[理之發]이라고만 하니, 칠정에도 이치가 있지만 단지 기운의 발현[氣之發]이라고만 하는 뜻도 이와 같습니다. 공께서는 이치의 발현에 대해서는 바꿀 수 없는 것이라고 하고, 기운의 발현에 대해서는 기운만 가리키는 것이 아니라고 하니, 같은 말을 잘라서 다른 뜻으로 보려고 하는 것은 무슨 까닭입니까? 만약 참으로 오로지 기운만을 가리키는 것이 아니라 이치를 겸해 가리키는 것이라면, 틀림없이 주자는 이 말을 '이치의 발현'이란 문구와 상대적으로 열거해 거듭 말하지 않았을 것입니다.

가르쳐주신 논변에서 "하늘과 땅, 사람과 사물에서 이치와 기운을 분별하는 것은 방해가 되지 않지만, 만약 성性에 대해 논하면 이치가 기질 가운데 떨어져 있는 것이며, 감정을 논하면 성이 기질 가운데 떨어져서 이치와 기운을 겸하고 선과 악이 있는 것이니, [사단과 칠정을 이치와 기운에] 나누어 귀속시키는 것은 온당하지 않다" 하셨습니다.

저는 다음과 같이 생각합니다. 하늘과 땅, 사람과 사물에서 이치가 기운의 밖에 있는 것은 아니지만 분별해 말할 수 있습니다. 그렇다면 본성이나 감정에 있어서 이치가 기질 가운데 있고 본성이 기질 가운데 있다고 해도, 어찌 분별해 말할 수 없겠습니까? 대개 사람의 한 몸[一身]은 이치와 기운이 합하여 생겨난 까닭에 두 요소가 상호 발현[互發]하고 작용하며, 발현할 때에는 서로를 필요로[相須] 합니다. 상호 발현하기 때문에 각각 위주가 되는 것이 있음을 알 수 있고, 서로 필요로 하니 각각 그 가운데 있음을 알 수 있습니다. 상호 그 가운데 있으므로 진실로 혼륜해 말할 수도 있고, 각각 위주가 되는 것이 있으므로 분별해 말해도 됩니다. 성性을 논하면 이치가 기운 가운데 있지만 자사와 맹자는 본연의 성만을 가리켜 드러냈고, 정자와 장자는 기질의 성을 뽑아내 논했습니다. 그렇다면 어찌 감정을 논하면서는 성이 기질 속에 있긴 하지만 각각 발현하는 것에 나아가 사단·칠정의 유래하는 곳을 나눌 수 없겠습니까? 이치와 기운, 선과 악이 있는 것은 감정뿐만 아니라 본성도 그러한데, 어찌 이것을 나눌 수 없다는 증거로 삼을 수 있겠습니까? (이치가 기운 가운데 있다는 점에서 말했기 때문에 본성 역시 그러하다고 했습니다.)

가르쳐주신 논변에서 "칠정도 인·의·예·지에서 발현한다" 하셨습니다.

저는 다음과 같이 생각합니다. 이것이 곧 이른바 '다른 것에서 같은 것을 본다'는 것이니, 사단·칠정 두 가지를 혼합해 말할 수 있다는 것입니다. 그러나 같은 것만 있고 다른 것이 없다고 말할 수는 없습니다.

가르쳐주신 논변에서 "(사단이라고 하는) 하나의 감정이 따로 있어 이치에서만 나오고 기운에서는 나오지 않는 것은 아니다"라고 하셨습니다.

저는 다음과 같이 생각합니다. 사단의 발현에는 확실히 기운이 없을 수 없습니다. 그러나 맹자가 가리킨 것은 진실로 기운에서 발현하는 곳에 있지 않습니다. 만일 기운까지 겸해 가리키는 것이라고 한다면 더 이상 사단을 말하는 것이 아닙니다. 그런데 가르쳐주신 논변에서는 왜 '사단이란 이치의 발현이다'라는 문구를 바꿀 수 없다고 하셨습니까?

가르쳐주신 논변에서 "마음 가운데 이치가 없는데도 외적 사물이 우연히 감응해 움직이는 것은 아니다. 외적 사물에 감응해 움직이는 것은 사단 또한 그러하다" 하셨습니다.

저는 다음과 같이 생각합니다. 이 설은 확실히 옳습니다. 그러나 이 단락에서 인용하신 〈악기〉에 대한 주자의 설명은 모두 이른바 혼륜해 말한 것입니다. 혼륜해 말한 것을 가지고 분별해 말한 것을 공박한다면, 제가 할 말이 없을까 염려할 필요는 없을 듯합니다. 이른바 분별해 말하는 것도 제가 억지로 끌어낸 잘못된 설명이 아니라 천지간에 본래 이러한 원리가 있었고, 옛사람에게 원래 이런 설이 있었습니다. 그런데 굳이 한쪽만 고집하고 다른 한쪽은 버리려 하시니, 이것은 치우친 것이 아닙니까? 혼륜해 말하면 칠정은 이치와 기운을 겸한다는 것은 두말할 나위 없이 분명합니다. 칠정을 사단의 상대로 놓고 각각 구분해 말하면 칠정과 기운의 관계는 사단과 이치의 관계와 같습니다. 따라서 발현하는 것에 각각 혈맥이 있고, 그 이름에는 모두 가리키는 것이 있기 때문에 위주가 되는 것에 따라 나누어 귀속시킬 수 있습니다. 저 또한 칠정이 이치의 간섭 없이 외적 사물이 우연히 접촉할 때 감응해 움직인다고 생각하지는 않습니다. 사단이 외적 사물에 감응해 움직이는 것도 진실로 칠정과 같습니다. 다만 사단은 이치가 발현함에 기운이 따르는 것(四端則理發而氣隨之)이고, 칠정은 기운이 발현함에 이치가 타는 것(七情則氣發而理乘之)일 뿐입니다.

가르쳐주신 논변에서 "이미 발현하면 곧 기운을 타고 유행하니…사단 또한 기운이다"라고 하셨습니다.

저는 다음과 같이 생각합니다. 사단도 기운이라는 것은 앞뒤에서 여러 번 말씀하셨으며, 이번에는 주자가 제자의 질문에 대답한 것을 인용하셨으니, 진실로 더욱 분명합니다. 그렇다면 공께서는 맹자가 말한 사단도 '기운의 발현'이라고 보십니까? 만일 '기운의 발현'으로 본다면, 이른바 인의 단서, 의의 단서라고 할 때의 인·의·예·지라는 네 글자를 어떻게 보아야 합니까? 만일 기운이 약간 섞인 것으로 본다면 순수한 천리의 본연이 아니며, 순수한 천리로 본다면 그 발현한 단서는 분명 진흙과 물처럼 서로 섞여 있는 것이 아니어야 합니다. 공께서는 인·의·예·지를 발현 전의 명칭으로 생각했기 때문에 순수한 이치로 간주했고, 사단은 이미 발현한 뒤의 명칭이므로 기운이 아니면 유행하지 못하는 것으로 생각해 사단 또한 기운으로 간주했을 뿐입니다.

어리석은 저는 다음과 같이 생각합니다. 사단은 비록 기운을 탄다고 할 수는 있지만, 맹자가 가리킨 것은 기운을 탄 곳에 있지 않고 다만 순수한 이치가 발현한 곳에 있었습니다. 이에 인의 단서, 의의 단서라고 했고, 뒤의 현인들도 떼어내어 선한 한쪽만을 말했을 뿐이라고 했습니다. 만일 반드시 기운을 겸해 말한다면, 이는 이미 흙탕물을 건넌 것과 같으니, 이렇게 말할 수는 없습니다.

옛사람들이 이치가 기운을 타고 운행하는 것을 사람이 말을 타고 드나드는 것[人乘馬出入]에 비유한 것이 참으로 적절합니다. 대체로 사람은 말이 아니면 드나들지 못하고, 말은 사람이 아니면 궤도를 잃게 되니, 사람과 말은 서로 필요로 하면서 떨어질 수 없습니다(人馬相須不相離). 혹 누군가 이를 가리켜 '그들이 간다'라고 넓게 말한다면 사람과 말이 모두 그 가운데 있는 것이 되니, 사단·칠정을 혼륜해 말하는 것이 바로 이것입니다. 혹 '사람이 간다'는 것만을 가리켜서 말하면 굳이 말까지 함께 말하지 않더라도 말이 가는 것은 그 가운데 있으니, 사단이 이것입니다. 혹 '말이 간다'는 것만을 가리켜 말하면 굳이 사람까지 아울러 말하지 않더라도 사람이 가는 것은 그 가운데 있으니, 칠정이 이것입니다.

그런데 공께서는 제가 사단·칠정을 분별해 말하는 것을 보고, 매번 혼륜해 말한 것을 끌어와서 공박합니다. 이는 어떤 이가 '사람이 간다', '말이 간다'라고 하는 것을 보고 사람과 말은 하나니 나누어 말할 수 없다고 역설하는 것과 같습니다. 또한 제가 기운의 발현으로 칠정을 말하는 것을 보고 이치의 발현이라고 역설하니, 이는 어떤 이가 '말이 간다' 하는 것을 보고 반드시 '사람도 간다' 하는 격입니다. 또한 제가 이치의 발현으로 사단을 말하는 것을 보고는 기운의 발현을 역설하니, 이는 어떤 이가 '사람이 간다' 하는 것을 보고는 반드시 '말도 간다' 하는 격입니다. 이것은 참으로 주자의 이른 바 '숨바꼭질'이란 것과 유사합니다. 어떻게 생각하십니까?

가르쳐주신 논변에서 "위로 그 근원을 추구해보면 진실로 두 가지 뜻이 없다" 하셨습니다.

저는 다음과 같이 생각합니다. 같은 곳에 입각해 논한다면 두 가지 뜻이 없다는 말은 그럴듯합니다. 그러나 만약 두 가지를 상대적인 것으로 열거하고 그 근원을 추구해보면 실로 이치와 기운의 분별이 있는데, 어찌 다른 뜻이 없겠습니까?

가르쳐주신 논변에서 "무릇 성性을 말하는 것은 기운 한쪽만을 가리키는 것이 아닌데도 한쪽만을 가리켜서 기운만을 말하는 것이라 했으니, 아마도 그렇지 않을 듯하다" 하셨습니다. 또 가르쳐주신 논변에서 "'자사가 중화를 논한 것은 혼륜해 말한 것이다'라고 했으니, 그렇다면 칠정이 어찌 이치와 기운을 겸한 것이 아니겠는가?"라고 하셨습니다.

저는 다음과 같이 생각합니다. 성을 말하는 데 기운을 가리켜서 말한 것이 없지는 않습니다. 다만 저의 설명에서 편偏〔치우처〕·독獨〔오로지〕 두 글자가 진정 병통이 있는 듯해 가르침에 따라 고쳤습니다. 그러나 칠정이 이치와 기운을 겸했다고 혼륜해 말하는 것은 〔공의 말과〕 가리키는 것이 본래 같지 않습니다. 이것을 근거로 저의 설명이 들쭉날쭉하다고 하셨지만 사실은 그렇지 않습니다. 단지 가리키는 것이 같지 않으므로 말이 다르지 않을 수 없었을 뿐입니다.

가르쳐주신 논변에서 "사단·칠정은 실상은 같으면서 이름만 다른 것이지, 칠정 이외에 다시 사단이 있는 것이 아니다. 사단·칠정에 다른 뜻이 있는 것은 아니다"라고 하셨습니다.

저의 생각은 다음과 같습니다. 같은 것 중에서 실로 이치의 발현과 기운의 발현이 구분된다는 것을 알았기 때문에 다른 이름을 붙인 것입니다. 본래 다른 것이 없다면 어떻게 다른 명칭이 있겠습니까? 그러므로 칠정 이외에 다시 사단이 있다고 말할 수는 없지만, 다른 뜻이 없다고 한다면 옳지 않을 듯합니다.

가르쳐주신 논변에서 "넓게 논해 '사단은 이치에서 발현하고, 칠정은 기운에서 발현한다'고 한다면 참으로 옳지 않다고 할 수는 없다. 하지만 도안에서 사단은 이치의 권역에 배치하고 칠정은 기운의 권역에 배치하는 것은 나누어 떨어뜨린 것이 너무 심하다"라고 하셨습니다.

저는 다음과 같이 생각합니다. 옳으면 모두 옳고, 옳지 않으면 모두 옳지 않은 것이지, 어찌하여 넓게 논하면 둘로 나누는 것이 옳지 않다고 할 수 없다고 하시고, 이를 도안에 나타내어 둘로 나누어놓는 것만 유독 옳지 않다고 하십니까? 사실 도안에 있는 사단·칠정이 실제로 같은 권역 안에 있으면서 대략 안과 밖의 구분이 있어 그 옆에 주석을 나누어 달았을 뿐, 처음부터 각각의 권역을 나누어놓은 것은 아닙니다.

가르쳐주신 논변에서 "혹 선하지 않음이 없다고 하기도 하고 혹 선과 악이 있다고 하기도 한다면, 사람들이 마치 두 가지 감정이 있고 두 가지 선이 있다고 의심할 것 같다" 하셨습니다.

저는 다음과 같이 생각합니다. '순수한 이치이기 때문에 선하지 않음이 없고, 기운을 겸했기 때문에 선과 악이 있다'

는 말은 본래 원리에 어긋나지 않습니다. 아는 이는 같은 것에서 다른 것을 알고, 또 다른 것으로도 같은 것을 알 수 있습니다. 어찌 알지 못하는 이가 잘못 인식할까 염려해 원리에 맞는 말을 버리겠습니까? 그러나 지금 도안에서는 단지 주자의 설만 쓰고 이 말은 삭제했습니다.

가르쳐주신 논변에서 "보내온 논변과 같다면 사단·칠정이 각각 유래하는 곳이 있으니 단지 말하는 것만 다른 것이 아니다"라고 하셨습니다.

저는 다음과 같이 생각합니다. 비록 같은 감정이지만 유래하는 곳이 다르기 때문에 예전에 말한 것들이 달랐던 것입니다. 유래하는 곳이 본래 다르지 않다면, 말하는 이가 무엇을 가지고 다르다고 했겠습니까? 공자의 문하에서는 갖추어 말하지 않았고, 자사는 그 전체를 말했지만 이때에는 실로 '유래하는 곳에 의한 설명〔所從來之說〕'을 하지 않았습니다. 맹자가 한쪽을 떼어내어 사단만을 말했을 때는, 어찌 '이치의 발현'만 가리켜서 말한 것이 아니겠습니까? 사단이 유래하는 곳이 이치라면, 칠정이 유래하는 곳은 기운이 아니면 무엇이겠습니까?

가르쳐주신 논변에서 주자의 설명을 인용해 "맹자는 이치만을 떼어내어 말했고, 이천은 기질을 겸하여 말했으나, 요컨대 서로 떨어질 수 없다는 것이다"라고 하셨습니다.

저는 다음과 같이 생각합니다. 공께서는 이 말을 인용해 대체로 본성이 떨어질 수 없다고 말함으로써 감정도 나눌 수 없음을 밝히려고 한 듯합니다. 그러나 위에서 인용한 주자의 설명을 보면, 주자는 "본성이 비록 기운 가운데 있어도 기운은 스스로 기운이고 본성은 스스로 본성이어서 서로 섞이지 않는다"라고 하지 않았습니까? 저의 망령된 생각으로는, 주자가 맹자가 한쪽만을 떼어내어 말한 것과 이천이 겸해 말한 것을 가지고 '요컨대 서로 떨어질 수 없다'라고 한 것은 바로 제가 말한 '다른 것 가운데 같음이 있음을 본다'는 것입니다. 또한 본성이 기운 가운데 있는 것을 가리켜 '기운은 스스로 기운이고, 본성은 스스로 본성이어서 서로 섞이지 않는다'라고 한 것은 바로 제가 말한 '같은 것 가운데 다름이 있음을 안다'는 것입니다.

가르쳐주신 논변에서 "보내신 논변에서 칠정은 밖으로 형기에 감응한 것이지 이치의 본체가 아니라고 한 것은 심히 옳지 못하다. 만약 그렇다면 칠정은 본성 밖의 것이다…맹자가 기뻐서 잠들지 못한 것은 희흡이고…이것이 어찌 이치의 본체가 아니겠는가?"라고 하셨습니다.

저는 다음과 같이 생각합니다. 지난번에 잘못 설명해 '외적 사물에 감응하는 것은 형기인데, 그 발현하는 것이 어찌 이치의 본체겠는가?'라고 한 것은 '감응할 때에는 바로 기운이던 것이 발현할 때에는 바로 이치가 되는, 이런 도리가 어디에 있는가?'라는 말이었습니다. 그러나 이 말이 분명하지 않음을 깨달아서 지금은 고쳤습니다.

그런데 보내주신 서간에서 그 글을 바꾸어 '밖으로 형기에 감응되었으니 이치의 본체가 아니다'라고 말씀하셨습니다. 이는 이미 저의 본뜻과 거리가 멉니다. 그리고 그 밑에서 꾸짖으면서, '만약 그렇다면 칠정은 본성 이외의 것이다'라고 하셨습니다. 그렇다면 주자가 '칠정은 기운의 발현이다'라고 한 것 역시 칠정을 본성 이외의 것으로 여긴 것입니까? 대개 이치가 발현할 때 기운이 따른다고 하는 것은 이치를 위주로 말한 것일 뿐, 이치가 기운에서 벗어난다고 말하는 것이 아니니, 사단이 바로 그것입니다. 또 기운이 발현할 때 이치가 탄다고 하는 것은 기운을 위주로 말한 것일 뿐, 기운이 이치에서 벗어난다고 말하는 것이 아니니, 칠정이 바로 그것입니다. 맹자의 희, 순임금의 노, 공자의 애·락은 기운이 이치를 따라 발현할 때 조금도 구애되지 않기 때문에 이치의 본체가 순수·온전한 것입니다. 일반 사람이 어버이를 보면 기뻐하고, 상을 당하면 슬퍼하는 것 또한 기운이 이치를 따라 발현하지만, 그 기운이 가지런할 수 없기 때문에 이치의 본체가 순수·온전할 수 없는 것입니다. 이렇게 논하면 비록 칠정이 기운의 발현이라 해도 이치의 본체에 무슨 해가 되겠으며, 어찌 형기와 본성, 그리고 감정이 서로 관섭하지 않는다고 걱정하겠습니까?

가르쳐주신 논변에서 "보내온 논변에는 '마음속에 살펴지지 않은 것이 하나라도 있으면 그 마음은 바른 마음이 아니니, 반드시 발현해 절도에 맞은 뒤에야 화라고 할 수 있다'고 했는데, 그렇다면 이 칠정은 심히 부질없고 쓸데없는 것이 되니, 도리어 마음에 해가 된다" 하셨습니다.

　저는 다음과 같이 생각합니다. 이 부분에 대한 지난 설명은 그 말뜻이 앞뒤를 잃은 까닭에 병통이 있어 지금은 삼가 고쳤습니다. 큰 가르침을 주셨습니다. 다만 보내신 서간에서 '마음속에 살펴지지 않은 것이 하나라도 있으면…' 하는 말은 바로 정심正心의 일이니, 칠정을 증명하는 데 인용하기에는 비슷하지도 않다고 배척하셨는데, 이 말은 옳은 것 같지만 실은 그렇지 않습니다. 비록 정심장正心章의 말이지만, 이 한 구절은 희·로·우·구를 마음에 두어서는 안 된다고 함으로써 마음의 병통을 설명한 것입니다. 이는 사람들로 하여금 병통을 알아 약을 쓰게 하려는 것이지, 곧바로 정심의 일을 말한 것은 아닙니다. 무릇 이 네 가지가 마음의 병통이 되기 쉬운 까닭은 기운을 좇아 발현하는 것이 본래 선하더라도 악으로 흐르기 쉽기 때문입니다. 그러나 사단이 이치의 발현이라면 어찌 갑자기 이런 병통이 있겠습니까? 또 마음에 측은해하는 것이 있으면 어찌 그 마음이 바름을 얻지 못하고, 마음에 수오하는 것이 있으면 어찌 그 마음이 바름을 얻지 못하겠습니까?

　〈정성서定性書〉에 "사람의 마음 중에 발현하기는 쉬우나 억제하기는 어려운 것으로 노여움〔怒〕이 가장 심하다. 노여울 때 그 노여움을 바로 잊어버리고 이치의 옳고 그름을 보게 된다면, 외적 사물의 유혹은 미워할 만한 것이 되지 못함을 알게 될 것이다"[102]라고 했습니다. 여기서 말한 '발현하기는 쉬우나 억제하기는 어렵다'는 것은 이치겠습니까, 기운이겠습니까? 이치라면 어찌 억제하기 어렵겠습니까? 오직 기운이기 때문에 급하게 치달아 제어하기 어려운 것입니다. 더구나 노여움이 이치의 발현이라면, 어찌 노여움을 잊어버리고 이치를 보라고 하겠습니까? 오직 기운의 발현인 까닭에 노여움을 잊어버리고 이치를 보라고 한 것이니, 바로 이치로써 기운을 제어할 것을 말한 것입니다. 그렇다면 제가 이 말을 인용해 칠정이 기운에 속함을 증명한 것이 어찌 비슷하지도 않겠습니까?

같은 절 끝 단락에서 "그 유래하는 곳에 따라 각각 위주가 되는 것을 가리키는 설은 옳지 않다"고 논하셨습니다. 또한 "논변한 것이 단지 이름을 붙여 말하는 사이에 옳지 않은 것이 있을 뿐만 아니라, 본성과 감정의 실상 및 존양存養·성찰省察의 공부에도 모두 옳지 않은 것이 있는 듯하다" 하셨습니다.

저는 다음과 같이 생각합니다. 유래하는 곳과 위주가 되는 것에 대한 설명은 앞뒤의 논변에 의해 밝힐 수 있습니다. 다시 논할 필요는 없을 것입니다. 이름을 붙여 말하는 사이에 본성과 감정의 실상에 대해 조금이라도 온당하지 못하게 설명한 곳은 공의 가르침을 받거나 혹 스스로 깨달아 이미 고쳤습니다. 온당하지 못한 곳을 없애버리니, 의리가 분명하고, 넓게 통하고, 모든 방향이 영롱하게 눈에 들어와 모호하던 병통이 없어졌습니다. 존양·성찰의 공부에 대해서 감히 주제넘게 말할 수는 없지만, 아마도 크게 어긋나지는 않을 듯합니다.

가르쳐주신 논변에서 "주자가 마음을 이미 발현한 것을 가리키는 말로 잘못 알고 있다가 오랜 뒤에 그 잘못을 깨달았다"고 하고, 이어서 논하기를 "이치의 발현, 기운의 발현이라고 한 말은 우연히 한쪽만을 가리켜서 말한 것이다"라고 하셨습니다.

저는 다음과 같이 생각합니다. 이 단락의 말뜻을 살펴보면, 공은 주자의 설명을 충분하지 않다고 여기신 것 같습니다. 이것은 더욱 온당하지 않습니다. 정자와 주자의 어록도 간혹 참으로 착오가 있을 때가 있습니다만, 이는 다만 말과 설을 펼칠 때 의리의 긴요한 곳에서 기록한 자의 식견이 미치지 못해 간혹 본뜻을 잃은 곳이 있기 때문입니다. 그러나 지금 이 단락은 몇 구절로 요약된 말씀으로 한 사람에게 은밀하게 전한 뜻이며, 기록자는 보한경輔漢卿[103]입니다. 그는 실로 주자 문하 중에 제일인 사람입니다. 이것을 잘못 기록했다면 어찌 보한경이 될 수 있었겠습니까?

공께서 평소에 《주자어류》를 보다가 이 말을 보았다면 틀림없이 거기에 의심을 두지 않았을 것입니다. 그런데 이미 저의 설이 옳지 않다고 여기고 이를 힘써 논변하려다 보니, 어쩔 수 없이 주자의 이 말까지 아울러 지적하고 배척해야 했을 것입니다. 그래야 비루한 저의 설명이 잘못되었다고 하고, 다른 사람들에게 신임을 받을 수 있을 것이기에 주자를 여기에 연루시키게 된 것입니다. 이것은 진실로 제가 참람하게 주자의 말을 인용한 죄입니다. 저는 이런 점에서 도를 담당하려는 벗의 용기에는 탄복하지만, 마음을 비우고 뜻을 겸손히 가지지 못하는 병통이 어찌 없겠습니까? 이와 같이 하는 것을 그만두지 않는다면, 혹 성현의 말을 몰아다가 자기 뜻에 따르게 하는 폐단에 이르지 않겠습니까? 안자는 있어도 없는 듯하고, 가득 찼는데도 빈 것같이 하여, 오직 의리의 무궁함만을 알고 물아 간에 간극이 있음을 생각하지 않았습니다.[104] 공께도 이와 같은 기상이 있는지 모르겠습니다.

주자는 강직함과 용기에 있어 백세에 걸쳐 한 명 나올까 하는 분입니다. 그러나 조금이라도 자기 의견에 잘못된 곳이 있거나 자기 말에 온당하지 않은 곳이 있음을 깨달으면 남의 말을 듣고 고치기를 즐거워하지 않은 적이 없었습니다. 말년에 도가 높아지고 덕이 성대해진 후로 오히려 더욱 그러했는데, 어찌 겨우 성현의 도를 배우는 첫발을 내딛으면서 이미 비판받을 것이 없는 윗자리에 앉겠습니까? 참된 강직함과 진실한 용기는 기세를 올려 억지를 부리는 데 있지 않고, 허물을 고치는 데 인색하지 않고 의를 들으면 즉시 복종하는 데 있음을 알아야 합니다.

후론後論

가르쳐주신 논변의 글을 가만히 보니, 광대한 말과 논변이 중첩하고, 넓고 높은 식견이 보통 사람보다 크게 뛰어나, 저는 망양향약望洋向若의 탄식[105]을 이루 다 말할 수 없습니다. 그러나 저의 좁은 소견에 의심이 있어 앞서 삼가 갖추어 여쭈었습니다. 뒤에서 가르쳐주신 나머지 논변은 더욱 절실히 도움이 되었으니, 사람을 사랑해 마지않는 군자의 성대한 마음을 받았습니다.

〈천명도〉에서 '이理'와 '기氣' 두 글자를 나누어 '허虛'와 '영靈' 두 글자 밑에 각주를 낸 것은 비록 제가 정이의 본래 설명 그대로 둔 것이지만, 저 역시 너무 세분했다는 의혹이 들었습니다. 그래서 이 구절을 보고 여러 번 붓에 먹물을 찍어 지우려 했었지만, 그때마다 새로운 설을 창시한 것을 기뻐하며 그대로 두었습니다. 그러나 지금 공의 가르침을 받고 의혹이 풀렸으니, 정이에게 말하고 지워버리는 것이 마땅하겠습니다. 그 외의 여러 설에 대해서는 아직 의견이 같은 것도 있고 다른 것도 있어 전부 따를 수는 없습니다.

공이 인용하신 주자가 호광중·호백봉에게 답한 서간과 성도性圖 등의 세 조목은 모두 사단·칠정이 두 가지 뜻을 가지고 있지 않음을 밝힌 것에 지나지 않습니다. 이것이 바로 제가 전에 혼륜해 말했다고 한 것입니다. 저도 이것을 모르지 않지만, 칠정을 사단과 상대시켜 말하자니 나누어 말하지 않을 수 없었는데, 이전 설명에서 이미 다 말했으니 번거롭게 다시 논하지는 않겠습니다.

'허령虛靈'을 논할 때, 허虛를 이치라고 말한 데에도 근거가 있습니다. 따라서 두 글자를 나누어 잘못 주석한 것으로 이것까지 함께 오류라고 할 수는 없을 듯합니다. 인용하신 몇 가지 설명을 가지고 다시 논해보겠습니다. 주자는 "지극히 허함〔至虛〕 가운데 지극히 실함〔至實〕이 있다"고 했으니, 이것은 허하면서 실하다는 말이지, 허가 없다는 것이 아닙니다. "지극히 무함〔至無〕 가운데 지극히 유함〔至有〕이 있다"고 했으니, 이것은 무하면서 유하다는 말이지, 무가 없다는 말이 아닙니다.

정자가 어떤 사람에게 "역시 태허太虛는 없다"라고 대답하고서, "마침내 허란 것은 이치를 가리킨 것이 된다"[106]라고 한 것 역시 허에서 실을 알려고 하는 것이지, 본래 허는 없고 실만 있다는 말이 아닙니다. 그래서 정자·장자 이후로 허를 가리켜 이치라고 말한 경우가 적지 않았습니다. 이를테면 정자는 "도는 태허고 형이상形而上이다"[107]라고 했고, 장자는 "허와 기운을 합해 본성이라는 이름이 있다"[108]라고 했습니다. 주자는 "형이상의 허가 혼연한 도리다"[109] 하고, 또한 "태허는 바로 〈태극도〉의 도상에서 하나의 동그라미의 권역이다"[110]라고 했습니다. 이와 같은 예는 일일이 다 말할 수 없을 정도로 많습니다. 주자는 "무극이면서 태극이다〔無極而太極〕"라고 논한 곳에서 또한, "무극을 말하지 않으면 태극이 하나의 사물과 같아져서 온갖 변화의 근본이 될 수 없고, 태극을 말하지 않으면 무극이 공허한 적멸에 빠져 온갖 변화의 근본이 될 수 없다"[111]라고 했습니다. 아, 이와 같은 말들은 사방·팔면에 두루 유행하여 치우치지 않고, 두들겨도 깨지지 않습니다.

그런데 지금 공은 오로지 이치의 실상만 밝히겠다며 이치는 허가 아니라고만 합니다. 그렇다면 주자周子·정자·장자·주자朱子 등과 같은 위대한 유학자들의 논의는 모두 폐기해야 합니까? 《주역》의 "형이상形而上"[112]과 《중용》의 "소리·냄새가 없음〔無聲無臭〕"[113]을 노자와 장자의 허무虛無의 설과 함께 도를 어지럽히는 것으로 동일하게 귀결시켜야겠습니까? 공께서는 '허虛' 자의 폐단으로 장차 배우는 이들이 모두 허무만을 논해 노자와 불가의 영역에 빠질까 염려합니다. 하지만 저는 '허' 자를 쓰지 않고 '실實' 자만을 고수하면 장차 배우는 이들이 멋대로 상상하고 헤아려 진실로 무위진인無位眞人〔불가 및 도가에서 말하는, 모든 차별과 우열을 떠나 어떠한 것에도 걸림이 없는 주체적인 자유인〕의 빛나는 경지가 그곳에 있다

116

고 여기지 않을까 염려됩니다.

또한 사단에도 절도에 맞지 않는 것이 있다는 논의는 비록 매우 새롭기는 하지만, 역시 맹자의 본뜻이 아닙니다. 〔맹자는〕 다만 순수하게 인·의·예·지로부터 발출하는 것만을 가리켜서 말함으로써 성이 본래 선함을 나타냈으니, 그의 뜻은 감정 역시 선하다는 것입니다. 그런데 공은 이 정당한 본뜻은 버리고, 〔그의 말을〕 아래로 끌어내려 보통 사람의 감정에서 발현해 절도에 맞지 않는 것에 혼합해 말했습니다. 사람들이 마땅히 수오하지 말아야 할 것에 수오하고, 마땅히 시비하지 말아야 할 것에 시비하는 것은 모두 기운이 혼미하기 때문입니다. 그런데 어찌 경솔히 이것을 들어 사단은 순수한 천리에서 발현한다는 사실을 어지럽힐 수 있습니까? 이러한 논의는 우리의 도를 드러내 밝히는 데 무익할 뿐만 아니라, 도리어 후학들에게 〔도를〕 전하고 제시하는 데 해가 될까 염려됩니다.

제가 이전에 공의 견해는 이치와 기운이 두 가지 것〔二物〕이 아니라고 주장한 나정암의 설과 흡사하다고 했습니다. 이것은 망령된 말이었습니다. 지금 공의 뜻을 가만히 보니, 나정암의 오류와는 다릅니다. 사단·칠정의 위치를 나누고 분석한 것은 장차 모르는 사람들로 하여금 두 가지 감정으로 인식하게 하지 않을까 근심한 것에 불과하고, 이치가 허虛에 속한다는 말은 공무空無에 가까워져 장차 모르는 사람들로 하여금 다른 곳을 향해 달리게 할까 근심한 것에 불과합니다. 이런 뜻이 좋지 않은 것은 아니지만, 저는 도안을 작성하고 논리를 세우는 것은 본래 아는 이들을 위해 만드는 것이 마땅하지, 모르는 이들을 위해 폐지하는 것은 마땅하지 않다고 생각합니다.

만약 모르는 이들이 잘못 분석할 폐단을 염려했다면 염계의 〈태극도〉에서는 응당 태극의 권역을 드러내 음양 위에 두지 않았을 것이고, 이미 위에 태극이 있으니 다시 중앙에 태극을 두지 않았을 것이며, 오행의 권역 또한 음양의 밑에 두지 않았을 것입니다. 허무의 폐단을 염려했다면 염계는 태극의 진실무망眞實无妄함을 '무극'이라고 하지 않았을 것이며, 도리·본성·태극의 실질을 정자·장자·주자가 모두 '허'로써 말하지 않았을 것입니다. 후세에 과연 염계의 도설을 비방하는 여러 유학자가 어지럽게 일어났습니다. 만일 옛날 주자가 논저를 통해 밝게 드러냈던 힘이 없었다면, 저《태극도설》은 이미 오래전에 폐해 세상에 유행하지 않게 되었을 것입니다.

주자가 〈도해후론圖解後論〉에서 여러 사람들의 논변과 힐난을 비정해놓은 곳을 살펴보면 나누고 쪼개는 것이 해가 되지 않는다는 뜻을 볼 수 있습니다. 무엇 때문에 유속流俗의 폐단을 지나치게 걱정하겠습니까? 또한 제가 말하는 허는 허하면서 실實한 것이니 노불의 허가 아니고, 제가 말하는 무는 무하면서 유有한 것이지 노불의 무가 아닌데, 무엇 때문에 필시 이단으로 귀결될 것이라며 지나치게 걱정하십니까?

　그러므로 저의 독서법은 무릇 성현이 의리를 말한 곳이 드러나면 그 드러난 것에 따라 의리를 찾지 감히 경솔하게 은미한 데서 찾지 않으며, 은미하면 그 은미한 것에 따라 궁구하지 감히 경솔하게 드러난 데서 추구하지 않는 것입니다. 천근하면 그 천근함에 근거를 두지 감히 천착해 심오하게 하지 않고, 심오하면 그 심오한 데로 나아가지 천근한 데서 머무르지 않으며, 분개分開해 말한 곳은 분개해 보면서 혼륜에 해가 되지 않게 하고 혼륜해 말한 곳은 혼륜하게 보면서 분개에 해가 되지 않게 해, 사사로운 생각으로 좌우로 끌고 당겨 분개를 합해 혼륜으로 만들거나 혼륜을 쪼개 분개로 만들지 않는 것입니다.

　이와 같이 오래 하면 자연히 점차 조리가 정연해져 문란하지 않게 되고, 성현의 횡설수설이 각각 마땅하여 서로 방해·장애가 되는 곳이 없음을 점차 알게 됩니다. 그러면 이것을 자신의 설로 삼아도 본래 정해진 의리의 본분에 거의 어긋나지 않을 것이고, 만약 잘못 본 곳과 잘못 말한 곳이 있어도 다른 사람의 지적이나 혹은 스스로의 깨달음에 근거해 즉시 고친다면 역시 스스로 기쁘고 만족할 것입니다. 어찌 하나의 소견으로 경솔히 자기 뜻만을 고집해 다른 사람의 한마디 말도 받아들이지 않을 수 있겠습니까? 또 어찌 성현의 말 가운데 나의 의견과 같은 것은 취하고 같지 않은 것은 억지로 같다고 여기거나 혹은 배척해 옳지 않다고 할 수 있겠습니까? 만약 이와 같이 한다면 비록 당세에는 천하가 나와 시비를 겨루지 못한다 해도, 천만세 뒤에 성현이 나와 내 흠을 지적하고 숨은 병통을 간파하지 않을지 어찌 알겠습니까? 이것이 군자가 부지런히 뜻을 겸손히 하고 말을 살피고 의를 행하고 선을 따르며 감히 일시적으로 한 사람을 이기려고 계책을 하지 않는 이유입니다.

"이른바 근세의 명망이 높은 분과 큰 학자들 중에서 성리학을 하는 이들이 세속에서 서로 전하는 말을 답습함을 면치 못했다"라고 하신 말씀은 그렇지 않다고 할 수는 없습니다. 저는 산야의 질박한 학문을 하니, 답습하는 설을 전혀 듣지 못했습니다. 그러나 지난해 국학의 책임을 맡고 있을 적에 여러 유생들이 익히는 것을 보니 대부분 답습하는 설을 따르고 있기에, 시험 삼아 그 설을 널리 구해 여러 학설을 모아 살펴보았습니다. 진실로 이해할 수 없는 곳이 있는가 하면 사람의 뜻을 번민하게 하는 곳도 많았고, 잘못 보고 잘못 인식하거나 말에 얽매여 설을 왜곡하는 등 그 폐단을 이루 다 구제할 수 없었습니다. 그러나 사단과 칠정을 이치와 기운으로 나누어 귀속시키는 설은 보지 못했습니다.

〈천명도〉에서 [사단·칠정을] 이치와 기운으로 나누어 귀속시킨 것은 본래 정이에게서 나온 것으로, 저 역시 그가 어디에서 전수받았는지 알지 못해 처음에는 매우 의심스럽게 여겼습니다. 마음으로 깊이 사색한 지 수년 뒤에 나름의 결정을 내렸지만, 그때까지도 선유의 설을 얻지 못해 꺼림칙했습니다. 뒤에 주자의 설을 얻어 증명한 뒤에야 더욱 자신했을 뿐, 이것은 결코 서로 답습하는 설에서 얻은 것이 아닙니다. 더구나 호운봉은 단지 본성·감정·마음·의지만을 논했지 이치와 기운을 구분하지는 않았습니다. 본래 사단·칠정을 이치와 기운으로 나눈 것과는 가리키는 것이 각각 다르다는 점에서 비루한 저의 설명은 호운봉에게서 나온 것이 결코 아닙니다. 이러한 근거로 사단·칠정을 나눈 것은 곧 제가 주자의 설을 너무 과신했기 때문이라고 할 수 있는데, 보내주신 논변에서는 세속에서 나온 것이라 하고, 또한 죄를 운봉에게 돌리셨습니다. 운봉 선생도 이 허물을 달게 받아들이지 않겠지만, 근세의 여러 명망 높은 분들도 필시 이 말에 대해서 원통하다고 말해 마지않을 것입니다.

보내주신 논변에서 또, '이치는 허하기 때문에 상대가 없고(理虛故無對), 상대가 없기 때문에 더하고 덜함이 없다(無對故無加損)'는 저의 말을 통렬히 나무라셨습니다. 자세히 생각해보니 이 말의 병통은 다만 '상대가 없기 때문(無對故)'이라는 세 글자에만 있는 듯하니, 이제 '이치는 허하기 때문에 상대가 없고, 더하고 덜함도 없다'라고 고쳤습니다. 이와 같이 고치면 (도리에) 가까울 듯합니다.

그러나 공이 나무라는 것은 말의 병통이 아니라, 전적으로 그 말이 잘못되고 망령된 견해에서 나왔다는 점입니다. 제가 가만히 생각해보니, 이것은 바로 이치를 보려면 깨달음의 경지에 이르러야 하고, 이치를 설명하려면 지극한 경지에 이르러야 한다는 뜻으로 여겨집니다. 저는 십 년의 공부를 쌓아서 겨우 그것에 방불케 하는 것은 얻었지만, 그럼에도 참으로 알지 못하고 말의 병통이 이와 같았습니다. 공은 말하는 사이에 일필一筆로 구절을 결단해버렸으니, 사람의 지혜 있음과 지혜 없음이 어찌 삼십 리 거리뿐이겠습니까?[114] 그러나 이것을 어찌 구설口舌로 논쟁할 수 있겠습니까? 마땅히 공께서도 날로 진보하고 저도 달로 매진해 다시 십여 년의 공부를 쌓은 뒤, 각자 성취한 바가 어디에 이르렀는지 살펴야 피차의 깨달음과 그르침이 판정될 수 있을 것입니다.

또한 어리석은 제가 들으니, "도道가 같으면 한마디의 말로도 충분히 서로 부합할 수 있지만, 같지 않으면 많은 말이 도리어 도를 해친다"고 했습니다. 우리 두 사람의 배운 것이 다르다고 할 수는 없습니다. 그런데도 한마디의 말로 서로 부합하지 못하고 많은 말을 하여 여기에 이르렀습니다. 진실로 많은 말을 나누었지만 드러내 밝힌 것은 없고, 도리어 어지럽히고 해치는 것만 있는 듯합니다. 비록 그렇기는 하지만, 여기에는 두 가지 길이 있습니다. 남을 이기기를 구하고 도를 헤아리지 않는 마음을 가진 사람이라면 끝내 부합할 도리가 없으니, 다만 천하의 공론을 기다릴 뿐입니다. 뜻이 도를 밝히는 데 있고 두 사람 모두 사사로운 뜻이 없다면 반드시 같은 곳으로 귀결될 날이 있을 것입니다. 그러나 이것은 도리에 통달하고 학문을 좋아하는 군자가 아니라면 할 수 없습니다.

저는 이와 같이 늙고 혼미해 학문은 퇴보하고 사욕은 지나쳐서 망령되이 무익한 말이나 하니, 절실하게 권면하는 후의를 저버리지 않았는지 매우 두렵습니다. 오직 바라건대 저의 참람함을 용서하시고 어진 마음을 드리워주신다면, 끝내 다행이겠습니다.

6. 고봉이 퇴계가 사단칠정을 재론한 것에 대해 답한 서간〔高峯答退溪再論四端七情書〕[115]

지난해 보내신 논변에 근거해 주제넘게도 사단·칠정을 논하는 글을 다듬어 선생님께 올렸습니다. 감히 스스로 옳다고 여긴 것이 아니라, 비루한 저의 견해를 차례로 진술하여 대군자께서 보시고 바로잡아주시기를 바랄 뿐이었습니다.

돌아오는 인편에 보내신 서간을 받아보고 저를 도외시하지 않으시는 뜻을 살피고는, 기쁘고 다행스러운 마음을 무엇에도 비유할 수가 없었습니다. 다만 저의 질문에 조목별로 회답해주시는 서간은 겨울에나 받을 수 있을 것으로 생각하고 간절히 기다리던 마음 나날이 쌓여가던 차에, 11월 그믐 께 수찰手札을 삼가 받고, 이어서 논변에 답하신 서간 한 통을 받아보았습니다. 견해의 같은 곳과 다른 곳을 모두 갖추어 자세하고 분명하게 말씀해주시어, 여러 날 동안 그치지 않고 읽었습니다.

삼가 생각해보면, 선생님께서는 성대한 덕과 큰 도량을 가지고 계시면서도 매일매일 새로운 학문을 더하시어, 본성과 감정의 실상 및 성현의 말에 대해 이미 남김없이 환하게 통달하셨습니다. 그렇지만 논변하는 사이에 항상 스스로 부족한 것처럼 여기시고, 내가 뛰어나다고 남의 말을 소홀히 하지 않으시고, 나의 장점으로 남의 단점을 부끄럽게 하지도 않으십니다. 스스로를 겸허히 하여 남의 말을 받아들이는 데 인색하거나 그러기를 꺼리지도 않으시고, 한 글자의 잘못도 덮어두지 않고 반드시 고치시며, 한 글귀의 치우침도 반드시 진술해 숨기지 않으셨습니다. 선생님께서는 이미 스스로 높은 지혜를 가지셨고, 또 다른 사람도 깨우쳐 열어주셨습니다. 대저 이와 같으시니, 불초한 제가 선생님의 가르침에 젖어들고 훈도되어 때를 씻고 뜻을 가다듬는 등 학문을 그만두지 않게 되었습니다. 이는 진실로 옛사람도 하기 어려운 것인데, 선생님께서 능히 하시어 제가 저 자신을 살피게 되었으니, 얼마나 큰 다행인지 모르겠습니다.

논변하신 서간을 자세히 보니, 모두 삼십여 조목에서 이미 저와 의견이 같은 것은 열여덟 조목이고 다른 것이 열일곱 조목인데, 이미 같은 것은 모두 큰 절목이고 다른 것은 소소한 나머지 논의입니다. 그러니 이미 같은 것으로 다른 것을 궁구한다면 다른 것도 끝내 같은 것으로 귀결될 것입니다. 하물며 그 사이에 또 근본은 같은데 방향만 다른 것이 있으니, 비록 말을 전개하면서 간혹 형평을 잃어 방향이 달라지긴 했지만 큰 뜻에서 다른 경우가 있었습니까? 매우 다행입니다.

천지 사이에 있는 도리가 본래 둘이 아니고, 성현의 의논은 모두 방책을 갖추고 있습니다. 더욱이 오늘날 우리가 서로 강론·연마하는 것은 처음부터 이기기를 구하여 도를 헤아리지 않은 것이 아니라 도를 밝히려 한 것이고, 양쪽이 모두 사사로운 뜻이 없으니 끝내는 반드시 같은 데로 귀결될 것입니다. 간혹 그사이 한두 곳에서 의견이 합치하지 않을 수 있고 비록 우리의 견해에 치우침이 없다고 할 수 없겠지만 이것은 작은 흠일 뿐이고, 감히 구차하게 다른 것을 두고 같다고 하지 않으면서 끝내 절차탁마해 지당한 곳으로 귀결되기를 구하는 것은 마음을 비운 대인군자의 공정한 행위입니다. 선생님께서 이미 이 일을 자임하셨으니, 저 또한 무슨 마음으로 감히 여기에서 벗어나려 하겠습니까? 선생님께서 끝까지 가르쳐주시기를 삼가 바라옵니다.

하지만 이사이 또한 의심할 만한 것이 있어서 감히 우러러 여쭙지 않을 수 없습니다. 지난날에 저는 선생님께서 성대한 논변으로 나누고 분석하신 것이 혹 지나치게 편중된 듯해 근심했습니다. 선생님께서는 비루한 저의 설이 도리어 모호한 것으로 귀결될까 염려하시고, 이끌고 가르치심이 지나친 구속에 이르렀습니다. 이와 같은 말씀과 논변은 모두 견해를 펼치는 것이나, 도리어 바른 기운에 누가 될 듯하니 살펴야 합니다. 이런 뜻을 선생님께서는 어떻게 생각하실지 모르겠지만, 제 생각에는 마음을 비우고 기운을 화평하게 하여 각각 같고 다른 견해를 전부 말하되, 같은 것으로 다른 것을 폐하지 말고, 나의 견해로 남의 견해를 의심하지 말며, 먼저 받아들인 말을 위주로 하지 말고, 다른 사람의 말을 부차적인 것으로 여기지 말며, 널리 상고하고 정미하게 살피는 것이 좋을 것 같습니다. 이렇게 한 뒤에야 옛사람의 뜻에 거의 어긋나지 않아 강론·학습하는 데 크게 도움이 될 것입니다.

한 가지 사례를 들어 비유하겠습니다. 두 사람이 각자의 짐을 실은 말 한 마리를 함께 몰고 가고 있습니다. 말에 실은 짐은 무거운 쪽으로 쏠리니, 길을 가는 도중 매우 흔들리다가 왼쪽 짐이 처지고 오른쪽 짐은 올라갔습니다. 동쪽 사람이 자기 짐이 떨어질까 봐 떠받쳐 올리면 서쪽으로 처지고, 서쪽 사람이 자기 짐이 처진 것에 화가 나서 다시 힘껏 떠받쳐 올리면 또 동쪽 짐이 처집니다. 그러기를 그치지 않으면 끝내 평형을 이룰 수 없어 장차 짐이 기울어 떨어질 것입니다. 실은 짐이 한쪽으로 기울면 두 사람이 마음을 합치고 힘을 모아서 동시에 떠받쳐 올리거나, 혹은 적절히 옮겨 신는 것이 바람직합니다. 그렇게 하면 처지거나 들려서 한쪽으로 기울어질 염려 없이, 험한 곳을 넘어 마침내 먼 곳에 도착해 함께 돌아갈 수 있습니다. 선생님과 저의 논쟁이 이와 유사하니, 삼가 바라건대 그 뜻을 생각해보시는 것이 어떻겠습니까? 그렇다면 매우 다행이겠습니다.

논변하여 답하시면서 조목별로 열거하신 것이 저의 생각과 같지만, 또한 온당하지 않은 것도 있습니다. 그래서 감히 저의 견해를 진술해 가르침을 받고자 하오니 아낌없이 반복해 일러주시면 다행이겠습니다. 어떻게 생각하시는지요? 저는 이 도리에 대해 본래 정통·능숙하지 못할 뿐만 아니라, 깊이 생각하지 않고 입에서 나오는 대로 말하다 보니 더욱더 잘못되기 쉬움을 깨달았습니다. 단순히 말의 기운과 정신이 꺾이고 해를 입을까 두려운 것이 아니라, 선생님께 죄를 얻을까 더욱 두렵습니다. 바라오니 선생님께서 저의 어리석음을 살피시어 그 죄를 기록하지는 마시고, 어진 마음을 드리워주신다면, 끝내 다행이겠습니다.

첫 번째 서간의 개본〔第一書改本〕
제가 도리에 맞지 않고 무모하게도 감히 지난번 서간에서 주신 논변에 온당하지 못한 곳이 있다고 우러러 여쭈었으니,

진실로 옳은 것을 그르다고 한 죄를 범했습니다. 그러나 저의 뜻은 모름지기 학자가 도리를 강론할 때 구차하게 부화뇌동해서는 안 된다는 데 있었습니다. 그래서 문득 마음속에 품었던 생각을 전부 말씀드려 타일러 깨우쳐주시기를 바란 것이었을 뿐, 선생님의 설을 배척하고 저의 개인적인 견해를 과시하려고 한 것은 아니었습니다. 그런데 선생께서는 포몽납부包蒙納婦[116]의 도량으로 죄로 여기지 않으셨을 뿐만 아니라, 마음을 비우고 받아들이시어 정성스러운 답까지 내려주셨습니다. 아울러 논변한 서간의 본문에서 많은 곳을 다듬고 고치시어 저의 미혹한 마음을 깨우쳐주시면서, '회답하여 분명하게 가르쳐달라'고도 권유하셨으니, 성대한 덕과 큰 도량이 거의 무아無我에 가깝지 않다면 어찌 여기에 미칠 수가 있겠습니까? 매우 다행스러운 마음 가눌 수가 없습니다.

삼가 논변 중에 논하신 것을 자세히 보니 과연 가르쳐주신 말씀과 같습니다. 본성과 감정을 통괄해 논하면서 "이치가 없는 기운은 없고, 기운이 없는 이치도 없다〔未有無理之氣 亦未有無氣之理〕"라고 하시고, 사단을 논하면서 "마음은 진실로 이치와 기운의 합이다〔心固理氣之合〕"라고 하시고, 칠정을 논하면서 "이치가 없는 것이 아니다〔非無理也〕"라고 하신 말씀 등등은 어찌 선유들의 이론에 부합하지 않겠습니까? 참으로 비루한 저의 뜻과 같은 것들이 이 문단보다 많은 곳이 없습니다.

그러나 그 하단에 사단·칠정을 이치와 기운으로 나누고 대구對句로 만들어 두 갈래로 말한 것은 어세語勢가 편중되어 자못 안정된 생각을 쳐 넘어뜨리고 있음을 비루한 제가 일찍이 깨달아 의심했었습니다. 이제 그 온당하지 못한 곳을 고치셨으니 분명하고 넓어져 전일에 비교할 수 없습니다. 감히 어찌 제가 다시 정밀한 생각을 더해 자득하려고 하지 않겠습니까?

다만 "외적 사물이 오면 쉽게 감응하여 먼저 움직이는 것으로는 형기만 한 것이 없다"는 말씀과, "외적 사물에 감응하면 곧 형기다"라고 하신 말씀 등에서는 아직도 치우침이 있는 듯합니다. 감히 다시 여쭈오니, 부디 형평에 맞게 하는 것이 어떻겠습니까? 또한 "사단·칠정에 다른 뜻이 있는 것이 아니다"라는 말씀과, "도리어 사단·칠정으로 다르게 가리키는 것이 없다고 여겼다"라는 등의 말씀은 저의 본뜻이 아닌 듯합니다. 저는 단지 '사단·칠정이 처음부터 두 가지 뜻이 있는 것이 아니다'라고 했을 뿐입니다. 그런데 지금 선생님께서는 "다른 뜻이 있는 것이 아니라고 했다" 하시고, 또한 "다르게 가리키는 것이 없다고 생각했다" 하시니, 그 말뜻은 비루한 저의 설명의 본뜻에서 많이 전이된 것 같습니다.

또, "사단·칠정이 유래하는 곳을 추론해 궁구하지 않고 이치와 기운을 겸하고 선과 악이 있다고 했다" 하신 말씀도 저의 본뜻이 아닙니다. 대개 비루한 저의 설명은 '사단은 바로 칠정 가운데 발현해 절도에 맞는 묘맥이다'라는 것이었고, 지난번 서간에서도 '사단은 칠정 중에서 발현해 절도에 맞는 것과 실상은 같으면서 이름만 달리한다'고 했습니다. 저는 진실로 〔사단·칠정이〕 일률적으로 이치와 기운을 겸하고 선과 악이 있다고 여긴 것은 아닙니다. 그런데 선생님께서는 저의 설명을 자세히 살펴보지도 않고 깨우쳐주시면서 말씀하시기를, "공은 사단·칠정이 모두 이치와 기운을 겸하고 선과 악이 있으니 실상은 같으나 이름만 다르므로 이치와 기운에 나누어 귀속시킬 수 없다고 여긴다" 하셨습니다. 그로 인해 저의 생각을 끝내 선생님의 높은 견문 앞에 자연스럽게 펼칠 수 없게 되었으니, 어떻게 하면 좋겠습니까?

또 저는 이전 서간에서, '칠정은 이치와 기운을 겸하고 선과 악이 있기 때문에 그것이 발현해 절도에 맞는 것은 이치에 근원하니 선하지 않음이 없고, 발현해 절도에 맞지 않는 것은 기운과 섞여 악으로 흐를 수 있다. 사단은 바로 이치이고 선하기 때문에 칠정 가운데 발현해 절도에 맞는 것이니, 실상은 같으면서 이름만 다르다…'라고 했습니다. 제가 앞뒤로 여러 번 올린 말씀도 모두 이 뜻에서 벗어나지 않습니다. 그리고 그 사이에 '사단 또한 기운이다'라고 말한 것은 보내주신 논변에서 "어찌 마음 가운데 있을 때는 순수한 이치이던 것이 발현하자마자 기운에 섞이는 경우가 있겠는가?"라고 말씀하셨기 때문에 사단에도 기운이 없지 않다는 실상을 밝히려 했던 것뿐입니다.

'사단에도 절도에 맞지 않는 것이 있다'고 한 것은 대개 일반 사람들의 감정은 기품과 물욕에 얽매여서 혹 천리가 잠깐 발현해도 금방 기품과 물욕에 구속되고 가려지므로 절도에 맞지 않는 것이 있다고 한 것일 뿐, 진실로 사단도 이치와 기운을 겸하고 선과 악이 있다는 것은 아닙니다.

또한 제가 이전 서간에서 '나누어 귀속시킬 수 없다'고 했는데, 비루한 제 생각에 이미 선현들의 정론으로 칠정은 이치와 기운을 겸하고 선과 악이 있음이 분명합니다. 선생님께서는 사단·칠정을 상대적인 것으로 거론해 번갈아 말씀하시며 사단은 이치라 하고 칠정은 기운이라 하시니, 그렇다면 칠정의 이치 한쪽을 사단이 점유하는 것이 되어, 선과 악이 마치 기운에서만 나오는 것과 같습니다. 따라서 이것을 도안에 드러내 형상을 세운 그 뜻이 미진하다고 여겼을 뿐, 전적으로 옳지 않다고 말한 것은 아닙니다. 다만 큰 줄기만 가리켜, 이것은 이치의 발현이고 이것은 기운의 발현이라고 한다면, 곧 '천지의 성'이니 '기질의 성'이니 하고 말하는 것과 같으니, 안 될 것이 무엇이 있겠습니까? 삼가 바라오니, 밝게 증명해주시는 것이 어떻겠습니까?

조목의 열거〔條列〕

논변하여 나열해 답하신 조목을 상세히 살펴보니 모두 서른다섯 조목으로, 잘못 보셨다는 것이 한 조목이고, 형평을 잃으셨다는 것이 네 조목이며, 근본이 같아 다름이 없다는 것이 열세 조목이고, 근본은 같으나 방향이 다르다는 것이 여덟 조목이며, 견해가 달라 끝내 따를 수 없다는 것이 아홉 조목이니, 구별하신 것은 다섯 절목으로 나뉩니다. 그리고 말씀하시기를, "잘못 본 한 조목을 제외하면 네 절목이 되고, 네 절목을 요약하면 두 개의 절목에 불과하다. 형평을 잃었음을 깨달은 것은 진실로 모두, 근본은 같은 종류이며, 근본은 같지만 방향은 끝내 따를 수 없는 것으로 귀결되기 때문이다"라고 말씀하셨습니다.

대체로 같고 다름에 대한 논변이 아직까지 정리되지 않았고, 따르고 거스르는 논의 또한 일률적으로 정하기 어려운 것은 필시 도리의 추세에 의한 것이니, 무엇이 이상하겠습니까? 이른바 형평을 잃었음을 깨달았다고 하신 것이 진실로 본래 모두 근본이 같은 종류라면, 근본은 같으나 방향이 다른 것이 어찌 끝내 따를 수 없는 것으로 귀결되겠습니까? 더구나 이른바 끝내 따를 수 없다고 하신 것도 불과 물, 남과 북처럼 반대되는 것이 아니라 다만 털끝만큼 계합하지 않을 뿐입니다. 만약 마음을 비우고 기운을 화평하게 하여 조용히 반복한다면 분명 근본이 같은 종류로 귀결되지 않는 것이 없을 것입니다.

보내주신 글에서 "가르쳐준 말에서 얻은 것이 있었다"라

고 하신 것은 겸양하신 말씀으로 진실로 저 대승이 감당할
수 없습니다. 그러나 "견해가 처음에는 같았다가 끝에 가서
달라졌다"고 하신 것에 대해서는 감히 여쭙지 않을 수 없습
니다. "공의 생각에는…" 하신 것에 대해서는 이미 앞 단락에
서 여쭈었습니다. "두 가지를 가리켜 말한 것에는 자연히 이
치를 위주로 한 것과 기운을 위주로 한 것의 다름이 있다"고
하신 말씀도 적이 의심이 갑니다. 대개 맹자가 떼어내어 이
치 한쪽만을 위주로 했을 때에는 진실로 이치를 위주로 말했
다고 할 수 있지만, 자사가 혼륜해 이치와 기운을 겸해 말했
을 때에도 기운을 위주로 말했다고 할 수 있겠습니까? 이것
은 실로 제가 이해할 수 없으니, 청하건대 다시 가르쳐주심
이 어떻겠습니까?

제1 · 제2조목

지금 이 두 조목에서 깨우쳐주신 것을 살펴보니, 모두가
정밀하고 깊고 은미하고 치밀해 궁극에 도달했으므로, 엉성
하고 우활한 견해로는 다시 입을 열 수가 없습니다. 선생님
께서 "단지 이치만 있는 것이 아닌데도 오로지 이치만 가리
켜서 말할 수 있는 것처럼, 기질의 성이 비록 이치와 기운이
섞인 것일지라도 어찌 기운만 가리켜서 말할 수 없겠는가?"
라고 하신 말씀과, "하늘과 땅, 사람·사물로 보아도 이치가
기운 밖에 있는 것이 아닌데 분별해 말할 수 있다. 그렇다면

본성과 감정에서 비록 이치가 기운 가운데 있고 본성이 기질에 있을지라도 어찌 분별해 말할 수 없겠는가?…"라고 하신 말씀은 이치와 기운의 경계를 나누어 구별하는 설에 대해 충분히 자세하게 밝히셨다고 할 수 있습니다. 그러나 어리석은 저의 생각에는, 역시 나누어 구별하는 설을 주장하려는 뜻이 조금이나마 있음을 면하지 못한 듯합니다.[117] 간혹 옛사람들의 말과 글귀에 담긴 실제 뜻을 잘못 이해하시어 치우침이 있기도 했습니다.

자세히 말씀드려 보겠습니다. 주자는 "천지의 성은 태극 본연의 오묘함으로, 만 가지 다른 것의 한 근본이다[萬殊之一本]. 기질의 성은 음양이 번갈아 운행하면서 생긴 것으로, 근본은 하나지만 만 가지로 다르다[一本而萬殊].[118] 기질의 성은 바로 이 이치가 기질 가운데 떨어져 있는 것으로 별개로 또 하나의 성이 있는 것이 아니다"[119]라고 했습니다. 어리석은 저의 생각에 천지의 성은 천지를 아울러 총괄적으로 설명한 것이고, 기질의 성은 사람과 사물이 부여받은 것으로 말한 것입니다. 비유하자면, 천지의 성은 하늘의 달이고 기질의 성은 물 가운데 있는 달과 같습니다. 비록 하늘에 있고 물가운데 있는 차이는 있지만, 달은 오직 하나입니다. 그런데 하늘에 있는 달은 달이라 하고 물에 있는 달은 물이라고 한다면, 어찌 막힘이 없겠습니까?

천지상에서 이치와 기운을 나누면 태극은 이치고 음양은

기운입니다. 사람과 사물에서 이치와 기운을 나누면 건순健
順·오상五常은 이치고, 혼백魂魄·오장五臟은 기운입니다. 이
치와 기운이 사물에 있으면 비록 혼륜해 분개할 수 없지만,
두 가지 것이 각자 하나가 되는 것(이치는 스스로 이치가 되고,
기운은 스스로 기운이 되는 것)을 방해하지 않습니다. 그러므로
하늘과 땅, 사람과 사물을 이치와 기운으로 나누는 것이 진
실로 어떤 것이 스스로 어떤 것이 되는 것을 방해하지 않는
것입니다. 본성으로 논하면, 하늘의 달과 물 가운데의 달은
하나의 달을 그것이 있는 곳에 따라 분별해 말하는 것일 뿐,
별개의 달이 있는 것이 아닙니다. 하늘의 달은 달에 귀속시
키고 물 가운데의 달은 물에 귀속시킨다면 치우쳐 말하는 것
이 아니겠습니까?

이른바 사단·칠정이란 바로 이치가 기질에 떨어진 뒤의
것으로서 마치 물 가운데 있는 달빛과 흡사한데, 그 빛이 칠
정이면 밝고 어두움이 있지만, 사단은 특별히 밝기만 합니
다. 칠정에 밝고 어두움이 있는 것은 진실로 물의 맑고 흐림
때문이며, 사단이 비록 밝지만 절도에 맞지 않는 것은 진실
로 물결의 움직임 때문입니다. 삼가 바라오니 이런 도리를
가지고 다시 생각해보심이 어떻겠습니까?

또 살펴보니, 첫 조목에서 "응당 이치가 발현한 것과 상대
적인 것으로 들어 겹쳐 말하지 않았을 것이다"라고 하셨습니
다. 저의 생각에는 주자가 "사단은 바로 이치의 발현이고, 칠

정은 바로 기운의 발현이다"라고 한 것은 대설對說〔상대적인 것으로 설명〕이 아니고 인설因說〔근거에 의한 설명〕입니다. 대설은 곧 왼쪽·오른쪽을 말할 때처럼 대대待對하는 것이고, 인설은 위아래를 말할 때처럼 인잉因仍〔원인-결과 혹은 이유-귀결의 관계〕하는 것입니다. 성현의 말에는 실로 대설과 인설의 다름이 있으니, 살피지 않을 수 없습니다.

두 번째 조목에서 "어찌 유독 각각 발현하는 것에 의해 사단·칠정의 유래하는 곳을 나눌 수 없겠는가?"라고 하셨습니다. 저는 사단·칠정이 다 같이 본성에서 발현하는 것이므로 각각 발현하는 것에 의해 나눌 수 없다고 생각합니다. 그런데 선생님께서는 천지의 성과 기질의 성을 상대로 놓고 하나의 도안을 작성하셨고, 또 사단의 감정과 칠정의 감정을 상대로 놓고 하나의 도안을 작성하셨습니다. 형편에 맞게 보셨는지 참조하심이 어떻습니까? 그런 다음에 명확하게 회답해 가르쳐주시면 매우 다행이겠습니다.

제3조목

위아래 조목에 섞여 나오므로, 번거롭게 거듭 논하지 않겠습니다.

제4·제6조목

이 두 조목을 살펴보니, 본래 보내주신 논변의 말에 치우친 곳이 있었기 때문에 다시 고쳐 말씀하시어, 사단도 기운이 없는 것이 아니라는 실상을 밝히셨습니다. 비루한 저 역시 맹자가 기운을 겸해 가리키지는 않았다고 생각합니다. 비루한 저의 설명에 "본성이 잠깐 발현할 때는 기운이 이를 주도하지 않기 때문에 본연의 성이 곧장 이루어질 수 있으니, 이것이 바로 맹자가 이른 사단이다"라고 했습니다. 대개 이른바 사단이란 것이 비록 기운이 없는 것은 아니지만, 발현할 즈음에는 천리의 본체가 순수하게 드러나 조금의 흠도 없으니, 흡사 기운이 나타나지 않는 것과 같습니다. 비유하자면 달이 고요한 연못에 비칠 때 물이 맑고 깨끗하면 더욱 밝게 수면과 물 가운데를 환하게 통하니, 마치 물이 없는 것과 같습니다. 그래서 이치에서 발현한다고 할 수 있는 것인데, 만일 혹 기운을 섞어서 사단을 본다면, 그것이 어찌 맹자의 뜻이겠습니까? 숨바꼭질처럼 말을 돌려 모호하게 한다고 꾸짖으신 것이 비록 저의 본뜻은 아니었지만, 말의 기운에 이러한 병폐가 있었습니다. 항상 스스로 뉘우치고 있지만 벗어날 수가 없으니, 오직 선생님께서 경계하도록 지도해주시기를 바랄 뿐입니다.

제5 · 제7 · 제9 · 제12 · 제14조목

삼가 이 다섯 조목을 살펴보니, 긴요한 가르침을 주신 곳이고 의논이 복잡하게 얽힌 곳인 까닭에 감히 합쳐서 논하겠습니다.

다섯 번째 조목에서는 "그것이 발현하는 데에는 각각 혈맥이 있고, 그 이름에는 각각 가리키는 것이 있다"라고 하셨습니다. 일곱 번째 조목에서는 "위로 그 근원을 추구해보면 실로 이치와 기운의 구분이 있다"라고 하셨습니다. 아홉 번째 조목에서는 "실로 이치의 발현과 기운의 발현이 구분되므로 다르게 이름을 붙였다"라고 하셨습니다. 열두 번째 조목에서는 "사단이 유래하는 곳이 이치라면 칠정이 유래하는 곳이 기운이 아니고 무엇이겠는가?"라고 하셨습니다. 열네 번째 조목에서는 "맹자의 희, 순임금의 노, 공자의 애와 낙은 기운이 이치를 따라 발현한 것이다"라고 하셨습니다. 이런 말씀들은 모두 분별을 주장하신 설명입니다. 저 역시 감히 객기를 부려 억지 말을 하지 않고, 다만 가르침 속에 있는 말로 밝혀보겠습니다.

감히 여쭈옵니다. 희·로·애·락이 발현해 절도에 맞는 것은 이치에서 발현한 것입니까, 기운에서 발현한 것입니까? 그리고 발현해 절도에 맞아 가는 곳마다 선하지 않음이 없는 선은 사단의 선과 같습니까, 다릅니까? 만약 발현해 절도에 맞는 것이 바로 이치에서 발현한 것이고 그 선이 같다고 하신다면, 이 다섯 조목에서 말씀하신 것은 모두 적확한 논변이 될 수 없을 듯합니다. 만약 발현해 절도에 맞는 것이 바로 기운에서 발현한 것이고 그 선이 같지 않다고 하신다면, 《중용장구》,《중용혹문》 및 기타 여러 설명에서 칠정이 이치와 기운을 겸했다고 밝힌 모든 말들을 또 어떻게 결론지을 수 있겠습니까? 게다가 가르쳐주신 편지에서 누누이 칠정이 이치와 기운을 겸했다고 하신 것도 빈말이 되고 맙니다. 이 양단兩端을 자세히 살펴보시면 옳은 것과 그른 것, 따를 것과 거스를 것이 반드시 하나로 귀결될 것입니다. 선생님께서는 과연 어떻게 생각하실지 모르겠습니다. 만약 아직 판결하지 못하시는 것이 있다면 후세의 주문공朱文公[주자의 시호]을 기다려야 할 것이며, 제가 감히 알 수 있는 것이 아닙니다. 정밀히 살펴주신다면 다행이겠습니다. 어떻게 생각하십니까?

"사단은 이치가 발현함에 기운이 따르고, 칠정은 기운이 발현함에 이치가 탄다"라는 두 구절은 매우 정밀합니다. 그러나 비루한 저의 생각에는 이 두 구절이 칠정은 '이치의 발현'과 '기운의 발현'을 겸해 지니고 있고[七情則兼有], 사단은 단지 '이치의 발현' 한쪽만을 지닐 뿐[四端則只有理發一邊]이라는 뜻으로 여겨집니다. 저는 이 두 글귀를 "감정이 발현함에 혹 이치가 움직여 기운이 함께 갖추어지기도 하고, 혹 기운이 감응해 이치가 타기도 한다[情之發也 或理動而氣俱 或氣感而理乘]"라고 고치고 싶습니다. 이와 같이 말하는 것이 선생님께서 생각하시기에 어떠할지 모르겠습니다.

자사는 전체를 말할 때 진실로 '유래하는 곳에 의해 설명'하지 않았고, 맹자는 사단을 떼어내어 말할 때 '이치의 발현'

한쪽만을 가리켜 말했다고 할 수 있지만, 자사가 칠정을 말할 때에는 진실로 이치와 기운을 겸해 말했는데, 어찌 맹자의 말 때문에 갑자기 기운 한쪽이라고 바꾸어 말할 수 있겠습니까? 이런 의논을 갑자기 판정할 수는 없을 듯합니다. 기운이 이치를 따라 발현해 털끝만큼의 막힘도 없다면 그것은 이치의 발현입니다. 그런데 만약 그 밖에 다른 데서 이치의 발현을 찾는다면, 저는 열심히 헤아리고 모색할수록 더욱 얻을 수 없으리라 생각합니다. 이것이 바로 이치와 기운을 너무 나누어 설명한 병폐입니다. 지난번 서간에 이미 여쭈었으면서도 다시 여쭙니다. 진실로 그렇지 않다고 말씀하신다면, 주자의 "음양오행이 뒤섞이더라도 조리와 질서를 잃지 않는 것이 바로 이치다"라는 말도 따를 수 없을 것입니다. 자세히 증명해주시기를 바랍니다. 어떻게 생각하십니까?

제8·제16조목

살펴보니 제가 서간에서 아뢰었던 '보내신 논변의 설명이 들쭉날쭉하다'는 말과 '존양·성찰의 공부에 옳지 못함이 있다'는 말은 자의적으로 함부로 늘어놓은 말이니, 참으로 송구스럽습니다. 그러나 당시 선생님의 말씀에 지적할 만한 것이 있어서 말했던 것입니다. 지금 열거하신 조목 가운데 '칠정은 오로지 기운만이 아니다'라는 설과 '선과 악이 아직 정해지지 않았다'는 설에 대해 황송하게도 옳다고 인정해주셨고, 첫 번째 서간 또한 이미 다듬어 고치셨습니다. 지난날의 허황했던 저의 말도 헛말이 되었으니, 다시 드릴 말씀이 없습니다. 엎드려 생각건대, 분명하게 밝혀주셨습니다.

제10·제11조목

제가 '넓게 논하면 옳지 않을 것이 없다'고 한 것은 인설因說로써 말한 것이고, '도안에 나타난 것은 온당하지 않다'고 한 것은 대설對說로써 말한 것입니다. 만약 반드시 대설로써 말한다면 주자의 본설일지라도 잘못 인식한 병폐를 면하지 못할 것입니다. 어떻게 생각하십니까?

제13조목. 맹자는 떼어내어 말했고, 이천은 겸해 말했다〔第十三條孟子剔言伊川兼言〕

제가 주자의 설을 인용한 것이 모두 다섯 조목인데, 그 의도는 본성과 기질에 대한 설을 드러내 밝히는 것이었습니다. 다른 논의로써 서로 드러내 밝히려 했을 뿐, 처음부터 이것을 인용해 감정을 나눌 수 없음을 밝힐 생각은 아니었습니다. 그런데 선생님께서는 〔주자의 언명을〕 분별을 주장하는 뜻으로 간주하시고, 〔이 언명을 근거로 하여 제가 제시한〕 이 조목들이 의심스럽다고 하시면서 끝내 따를 수 없는 종류로 분류하셨습니다. 어리석고 비루한 저의 설명은 취하지 않으시더라도, 그것이 주자의 말이라면 어찌하시겠습니까? 이는 도를

밝히고 사사로운 견해를 버리는 취지에 부합하지 않는 듯합
니다.

이 말뜻을 꼭 궁구해야 한다면, 맹자가 떼어내어 말한 성
의 근본은 물 가운데 달을 가리켜 [그 근원은] 하늘의 달이라
고 말한 것이고, 이천이 기질을 겸해 말한 것은 물 가운데 달
을 가리켜 달이라고 하며, 분리할 수 없다고 말한 것입니다.
만약 '기운은 스스로 기운이고, 본성은 스스로 본성이다'라
고 말할 수 있다면 '물은 스스로 물이고 달은 스스로 달이어
서 서로 섞일 수 없다'고도 할 수 있을 것입니다. 비루한 저의
견해는 이와 같으니, 삼가 옳고 그름을 비정해주시기 바랍니
다. 어떻게 생각하십니까?

제15조목. 하나라도 지니고서 잘 살피지 않는다면[第十五條
一有之而不能察]

이 조목에서 깨우쳐주신 것을 삼가 상세히 살펴보니, 비록
힘주어 반복하셨지만, 역시 억지 설명이어서 통하기 어렵습
니다. 대개 《대학장구》와 《대학혹문》의 뜻은 본래 이와 같지
않은데 이렇게 말씀하시니, 선생님께서는 어찌 이런 견해를
갖게 되셨는지 모르겠습니다. 그러나 이미 이끌어 가르쳐주
셨으니, 감히 어리석은 저의 생각을 전부 말씀드리겠습니다.

《대학》의 전문을 보면, "분치忿懥하는 것이 있으면 그 마
음은 바름을 얻을 수 없다…"[120]라고 한 대목에 모두 네 개

의 '유有' 자가 있습니다. 제가 보기에 이 '유' 자는 '우연히 있다[偶有]'의 '있을 유'가 아니라, '고의로 지닌다[故有]'의 '소유할 유'입니다.《대학장구》에 "하나라도 지니고서 잘 살피지 않으면…"[121]이라고 했고,《대학집주》에도 기대期待·유체留滯[응어리짐]·편계偏繫[치우쳐 매달림]라는 말이 있으며, 또《주자어류》에 "이 허다한 호요·공구·분치·우환은 없는 곳에서 발현해 나와야지, 먼저 그것을 마음 가운데에 지녀서는 안 된다. 이 네 조목뿐만 아니라 모든 것을 먼저 마음 가운데에 안배하면 안 된다. 이를테면 어떤 사람이 엄숙하고 굳세기로 마음먹고 얼마 되지 않아 점차 그렇게 할 필요가 없다고 생각하게 되면, 그렇게 세운 마음은 구속과 핍박이 되는 경우가 있다. 또 어떤 사람이 자상하고 너그럽겠다고 마음을 세웠는데 얼마 되지 않아 그 생각이 점차 그렇게 할 필요가 없다는 데 도달하면, 그렇게 세운 마음은 고식과 구차함으로 흘러들게 되는 것이다"[122]라고 했습니다. 이 몇 구절의 말을 자세히 살펴보니 선생님께서 해석하신 것과 같지 않은 듯합니다. 더욱이 마음의 병통을 말하여 사람들로 하여금 살펴서 바르게 하려는 것은 바로 정심正心의 일인데, 무엇 때문에 정심을 말하는 곳이 아니라고 하십니까?

또한, 이 장[正心章]의 본뜻은 마치 거울이 깨끗하고 저울이 평평한 것처럼 사람들이 마음을 바르게 해, 사물에 감동할 때 모두 절도에 맞게 응하도록 한 것입니다. 만약 마땅히 측은해하지 말아야 할 때 먼저 측은한 마음을 갖거나, 마땅히 수오하지 말아야 할 때 먼저 수오하는 마음을 갖는다면, 아마도 마음의 바름을 얻지 못할 것입니다. 〈정성서〉에 "노여움을 잊는다(忘怒)"고 한 것을 인용해 절도에 맞지 않는 것을 가리켜 말한다고 말씀하시니 역시 잘못 말씀하신 것 같습니다. 만일 그렇지 않다고 생각하신다면, 《주자어류》에 나오는 "기뻐할 일이 있을 때 노여운 마음 때문에 마땅히 기뻐해야 할 것을 잊어서도 안 되고, 노여워할 일이 있을 때 기쁜 일 때문에 마땅히 노여워해야 할 것을 잊어서도 안 된다"[123]라는 말이 그 뜻에 있어서 〈정성서〉의 말과 과연 어떤 관계에 있는지 알지 못하겠습니다. 다시 자세하게 열어 보여주시기를 앙망합니다. 삼가 바라는 마음을 가눌 수 없습니다.

마지막 조목(末條)

삼가 이 조목에서 가르쳐주신 것을 지세히 살펴보니, 제가 가진 깊고 고질적인 병통을 모두 말씀해주셨습니다. 진실로 끝없이 사람을 사랑하는 선생님의 성대한 덕이 아니라면 어찌 여기에까지 이르렀겠습니까? 매우 다행스러운 일입니다. 마땅히 종신토록 가슴에 담아두어, 감히 소홀하거나 잊지 못할 것입니다. 그럼에도 또한 저의 사사로운 간절함이 있어 펼쳐 여쭙지 않을 수 없습니다. 굽어 살펴주시는 것이 어떻겠습니까?

제가 지난번 서간에서 주자가 호남의 여러 명망 높은 분들에게 보낸 서간을 인용해 말했던 것은 배우는 이가 한 가지 말에만 치우쳐 고집을 부리는 것은 옳지 않다는 뜻을 밝힌 것뿐이었습니다. 여기에는 진실로 주자가 말한 것이 만족스럽지 않다는 뜻이 없으며, 또한 기록한 이를 지목해 배척한 말도 없었는데, 선생님께서 어떤 연유에서 이런 가르침을 주셨는지 알지 못하겠습니다. 황공한 마음, 우러러 무엇에도 비유할 수 없습니다. 다만 저의 서간 가운데 '우연히 한쪽만을 치우치게 가리켜 말했다'는 말이 선생님께서 꾸짖으시도록 만든 듯합니다. 그러나 이 말은 갖추어 진술된 두루 해당하는 말과 대비해 말한 것〔對備陳周該之語而發〕이지, 감히 만족스럽지 않다거나 지적해 배척한 것이 아닙니다.

　일찍이 《중용혹문》을 보니, "성현의 말에는 진실로 단서만 있고 끝을 맺지 않은 것이 있으니, 배우는 이들은 더욱 마음을 비우고 자세히 생각해 그 귀결을 살펴야 하지, 한마디 말을 고집해 성급하게 정론으로 삼아서는 안 된다"[124]라고 했습니다. 이 말씀이 어찌 공정하고 분명하지 않겠습니까? 만일 마음을 비우고 자세히 생각하지 않고서 한마디 말을 고집해 여러 설명을 능가하려 한다면, 성현의 말을 끌어다가 자기의 의견에 따르게 하는 폐단을 이루 다 말할 수 없을 것입니다.

　한 사람에게만 은밀히 전달한 뜻이라는 말씀은 온당하지

않은 듯합니다. 주자는 평생 글을 짓고 이론을 정립해 후학에게 내려줄 때 마치 해와 달처럼 환하게 하여 눈 있는 이들은 모두 〔그것을〕 볼 수 있게 했습니다. 종지宗旨를 아끼고 숨겨 한 사람에게만 전했을 리가 있겠습니까? 저는 성현의 마음 씀이 이처럼 얕거나 비루하지 않고, 또한 좁지도 않다고 생각합니다. 만약 정말로 그렇다면, 이른바 "원앙으로 수를 놓아 남들에게 보여주기만 하고, 금바늘은 남에게 주지 마라〔鴛鴦繡出從人看 莫把金針度與人〕"[125]라는 말을 꾸짖을 수만은 없을 것입니다.

또 깨우쳐 말씀하시길, "나의 벗이 평소에 《주자어류》를 보다가 이 말을 보았다면 틀림없이 거기에 의심을 두지 않았을 것이다. 그런데 일단 나의 설이 옳지 못하다고 여기고 이를 힘써 논변하려다 보니, 어쩔 수 없이 주자의 이 말까지 아울러 지적하고 배척해야 했을 것이다. 그래야 나의 설명이 잘못되었다고 하고 다른 사람들에게 신임을 받을 수 있을 것이기에 주자를 여기에 연루시키기에 이른 것이다. 이것은 진실로 내가 참람하게 주자의 말을 인용한 죄다"라고 하셨습니다. 저의 광망함과 어리석음, 무지함이 진실로 먼저 깨치신 선생님께 죄를 얻습니다. 그러나 이 때문에 죄를 얻는다면 송구스럽지만 달게 받아들일 수 없는 것이 있습니다. 선생님의 가르침이 너무 박절하게 남을 꾸짖고 남을 대하는 데 너그럽지 못한 것 아닌지요? 생각이 공평하지 않으시니 공정해지시는 데 누가 되는 듯합니다.

무릇 사람이 학문을 함에 깊고 얕음은 있지만, 그 마음은 진실로 모두 선善으로 들어가고자 할 뿐, 스스로를 속이면서 밖으로 학문을 한다는 명성을 구하지는 않습니다. 만약 학문을 하면서 먼저 명성에 마음을 둔다면, 진정 학문을 한다고 말할 수 있겠습니까? 세간에서 이랬다저랬다 하는 형편없는 사람도 차마 이렇게 하지는 못할지니, 제가 달게 받아들일 수 없는 것이 당연합니다.

삼가 바라오니 다시 한번 잘 헤아려서 살피심이 어떻겠습니까? 송구한 마음 금할 길이 없습니다.

7. 기명언에게 답함: 사단칠정을 논한 세 번째 서 간〔答奇明彦 論四端七情第三書〕[126]

선생께서 이미 두 번째 서간으로 회답했는데, 명언이 다시 서간으로 논변해왔다. 선생께서는 다시 회답하지 않고, 〔고봉이 보내온〕 서간 중에서 몇 단락만 비평해두었다. 이제 보내온 서간은 생략하고 비평한 말만 기록한다.[127]

〔고봉의 서간〕 맹자가 떼어내어 이치 한쪽만을 위주로 했을 때에는 진실로 이치를 위주로 말했다고 할 수 있지만, 자사

가 혼륜해 이치와 기운을 겸해 말했을 때에도 기운을 위주로 말했다고 할 수 있겠습니까? 이것은 실로 제가 이해할 수 없으니, 청하건대 다시 가르쳐주심이 어떻겠습니까?

〔퇴계의 비평〕 혼륜해 말한다면, 어찌 이치를 위주로 한 것과 기운을 위주로 한 것의 구분이 있겠습니까? 상대적인 것으로 들어 분별해 말할 때 이러한 구분이 있을 뿐이니, 주자가 "본성은 가장 말하기 어려워서 같다고 말해도 되고, 다르다고 말해도 된다. 또한 온전하다고 해도 옳고, 치우쳤다고 해도 역시 옳다"[128]라고 말한 것과 같습니다.

〔고봉의 서간〕 주자는 "천지의 성은 태극 본연의 오묘함으로, 만 가지 다른 것의 한 근본이다. 기질의 성은 음양이 번갈아 운행하면서 생긴 것으로, 근본은 하나지만 만 가지로 다르다. 기질의 성은 바로 이 이치가 기질 가운데 떨어져 있는 것으로 별개로 또 하나의 성이 있는 것이 아니다"라고 했습니다.

〔퇴계의 비평〕 앞의 서간에서 본성에 대해 인용해 말한 것은 단지 '본성은 이치와 기운을 겸해 말할 수 있는데, 감정은 어찌 이치와 기운을 구분할 수 없겠는가?' 하는 뜻을 밝힌 것일 뿐, 본성을 논해 말한 것은 아닙니다. '이치가 기질 가운데 떨어진 이후의 일' 이하는 〔공의 말씀이〕 진실로 타당하니, 마땅히 이것이 이치와 기운을 겸한다고 논해야 합니다.

〔고봉의 서간〕 비유하자면, 천지의 성은 하늘의 달이고 기질

의 성은 물 가운데 있는 달과 같습니다. 비록 하늘에 있고 물 가운데 있는 차이는 있지만, 달은 오직 하나입니다. 그런데 하늘에 있는 달은 달이라 하고 물에 있는 달은 물이라고 한다면, 어찌 막힘이 없겠습니까?…이른바 사단·칠정이란 바로 이치가 기질에 떨어진 뒤의 것으로서 마치 물 가운데 있는 달빛과 흡사한데, 그 빛이 칠정이면 밝고 어두움이 있지만, 사단은 특별히 밝기만 합니다. 칠정에 밝고 어두움이 있는 것은 진실로 물의 맑고 흐림 때문이며, 사단이 비록 밝지만 절도에 맞지 않는 것은 진실로 물결의 움직임 때문입니다. 삼가 바라오니 이런 도리를 가지고 다시 생각해보심이 어떻겠습니까?

〔퇴계의 비평〕 "달이 온갖 시내〔川〕에 내려오니, 처하는 곳마다 모두 둥글다"[129]라는 말에 대해 일찍이 선유가 옳지 않다고 논한 것[130]을 본 적이 있지만, 지금은 기억나지 않습니다. 다만 보내온 가르침으로 논합니다.

하늘이나 물 가운데 있는 것은 비록 같은 하나의 달이지만, 하늘의 것은 참된 형상인 반면, 물 가운데 것은 다만 빛의 그림자일 뿐입니다. 하늘의 달을 가리키면 실상을 얻지만, 물 가운데에서 달을 잡으려 하면 잡을 수 없습니다. 진실로 본성이 기운 가운데 있어 물속의 달그림자처럼 잡으려 해도 잡을 수 없다면, 어떻게 선을 밝히고 자신을 성실히 해 본성의 처음 모습을 회복할 수 있겠습니까? 본성을 가지고 비유해서 혹 비슷할 수도 있지만, 만일 감정에 비유한다면 그렇다고 하기 어렵습니다.

대개 달이 물에 있을 때 물이 고요하면 달 또한 고요하고, 물이 움직이면 달 또한 움직입니다. 물의 움직임이 안정되고 맑게 흘러 달빛이 투명하게 비치는 경우에는 물 가운데 달의 움직임에 아무런 장애가 없습니다. 그런데 혹 물이 아래로 세차게 흐르면서 바람에 일렁이고 돌에 부딪쳐 튀어 오르면, 달이 이로 인해 부서지니 달빛이 일렁거려 어그러지고 흩어지다가, 심하면 마침내 없어지기까지 합니다. 그렇다면 어찌 '물속의 달의 밝고 어두움은 모두 달이 만든 것이지 물이 관여하는 것이 아니다'라고 말할 수 있겠습니까?

그러므로 저는 다음과 같이 생각합니다. 고요하고 맑게 흐르는 물에 달빛이 드러난 경우, 비록 달을 가리켜 움직인다고 말해도 물의 움직임이 그 가운데 있습니다. 만약 물이 바람에 출렁이거나 돌에 부딪쳐 달이 일렁거리거나 없어지는 경우에는, 마땅히 단지 물만 가리켜 움직인다고 말해야 하며, 그 달의 있음과 없음, 밝음과 어두움은 물의 움직임의 크고 작음이 어느 정도인가에 달려 있을 뿐입니다.

〔고봉의 서간〕 감히 여쭈옵니다. 희·로·애·락이 발현해 절도에 맞는 것은 이치에서 발현한 것입니까, 기운에서 발현한 것입니까? 그리고 발현해 절도에 맞아 가는 곳마다 선하지 않음이 없는 선은 사단의 선과 같습니까, 다릅니까?

〔퇴계의 비평〕 비록 기운에서 발현하지만, 이치가 타는 것이 위주가 되기 때문에 그 선함은 같습니다.

〔고봉의 서간〕 "사단은 이치가 발현함에 기운이 따르고, 칠정은 기운이 발현함에 이치가 탄다"라는 두 구절은 매우 정밀합니다. 그러나 비루한 저의 생각에는 이 두 구절이 칠정은 '이치의 발현'과 '기운의 발현'을 겸해 지니고 있고, 사단은 단지 '이치의 발현' 한쪽만을 지닐 뿐이라는 뜻으로 여겨집니다. 저는 이 두 글귀를 "감정이 발현함에 혹 이치가 움직여 기운이 함께 갖추어지기도 하고, 혹 기운이 감응해 이치가 타기도 한다"라고 고치고 싶습니다. 이와 같이 말하는 것이 선생님께서 생각하시기에 어떠할지 모르겠습니다…기운이 이치를 따라 발현해 털끝만큼의 막힘도 없다면 그것은 이치의 발현입니다. 그런데 만약 그 밖에 다른 데서 이치의 발현을 찾는다면, 저는 열심히 헤아리고 모색할수록 더욱 얻을 수 없으리라 생각합니다. 이것이 바로 이치와 기운을 너무 나누어 설명한 병폐입니다. 지난번 서간에서 여쭈었으면서도 다시 여쭙니다. 진실로 그렇지 않다고 말씀하신다면, 주자의 "음양오행이 뒤섞이더라도 조리와 질서를 잃지 않는 것이 바로 이치다"라는 말씀도 따를 수 없을 것입니다.

〔퇴계의 비평〕 "도가 곧 기고(道卽器), 기가 곧 도다(器卽道)" 131라고 한 것은 아득한 가운데 온갖 형상이 이미 갖추어져 있다고 하는 것이지 실제로 도를 기라고 하는 것이 아니며,

사물에 나아감에 이치가 그 사물을 벗어나지 않는다고 하는 것이지 실제로 사물을 이치라고 하는 것이 아닙니다.

〔고봉의 서간〕 제가 '넓게 논하면 옳지 않을 것이 없다'고 한 것은 인설因說로써 말한 것이고, '도안에 나타난 것은 온당하지 않다'고 한 것은 대설對說로써 말한 것입니다. 만약 반드시 대설로써 말한다면 주자의 본설일지라도 잘못 인식한 병폐를 면하지 못할 것입니다.

〔퇴계의 비평〕 기운이 이치를 따라 발현하는 것을 이치의 발현이라고 한다면 기운을 이치로 인식하는 병통을 면하지 못할 것입니다. 만약 그렇지 않다고 생각하신다면 무엇 때문에 그렇게 말씀하신 것입니까?

8. 기명언의 사단칠정 후설〔附奇明彦四端七情後說〕132

사단·칠정의 설에 대해서 전에는 '칠정이 발현해 절도에 맞는 것은 사단과 같다'고 인식했기 때문에, 사단·칠정을 각각 이치와 기운에 나누어 귀속시키는 것을 의심했습니다. 그래서 '감정의 발현은 이치와 기운을 겸하고 선과 악이 있는데, 사단의 경우는 오로지 이치에서 발현해 선하지 않음이 없는 것만을 가리켜 말하고, 칠정의 경우는 진실로 이치와 기운을 겸하고 선과 악이 있는 것을 가리켜 말한다'고 간주했습니다. 사단을 이치에 귀속시키고 칠정을 기운에 귀속시키면 칠정 중에 이치의 한 측면을 사단이 점유하게 되어, 선과 악이 있음은 단지 기운에서만 나오는 것처럼 됩니다. 이 말의 의미를 의심하지 않을 수 없었습니다. 그러나 주자의 "사단은 이치의 발현이고, 칠정은 기운의 발현이다"[133]라는 말을 반복해서 참구參究하고 끝내 부합하지 않는 것이 있음을 깨달았습니다. 그래서 거듭 생각한 끝에 저의 이전 설명에서 고찰이 상세하지 못했고, 살핌이 극진하지 못했음을 알았습니다.

맹자는 사단을 논하면서 "무릇 나에게 있는 사단을 확충할 줄 안다면…"[134]이라고 말했습니다. 자신에게 있는 사단을 확충하려 했으니, '사단은 이치의 발현이다'라는 말은 진실로 그러합니다. 정자는 칠정을 논하면서 "감정이 너무 성해 매우 방탕해지면 그 본성이 해를 입는다. 그러므로 깨달은 이는 감정을 절제해 중中에 맞도록 해야 한다"[135]라고 했습니다. 무릇 칠정이 성하면 더욱 방탕해지기 때문에 절제해 중에 맞도록 하려 했으니, '칠정은 기운의 발현이다'라는 말 역시 진실로 그러합니다. 여기에 따르면 사단·칠정을 이치와 기운에 나누어 귀속시키는 것은 자연히 의심할 필요가 없으며, 사단·칠정이라는 이름과 뜻에도 진실로 까닭이 있음을 살피지 않을 수 없습니다.

그렇다면 칠정이 발현되면서 절도에 맞는 것은 처음에는

사단과 같습니다. 칠정이 비록 기운에 속하지만 이치가 본래 스스로 그 가운데 있으므로 발현해 절도에 맞는 것은 바로 천명의 성과 본연의 체니, 어찌 이것이 기운의 발현이라고 해서 사단과 다르다고 할 수 있겠습니까? (보내주신 서간에서 "맹자의 희, 순임금의 노, 공자의 애와 낙은 기운이 이치를 따라 발현해서 털끝만큼도 막힘이 없다"는 말씀과 "각각 유래하는 곳이 있다"는 말씀 등등은 모두 온당하지 않습니다. 대개 "발현해 모두 절도에 맞는 것을 화和라고 한다" 했으니, 화는 바로 달도達道입니다. 그런데 만약 보내주신 글과 같다면, 달도 역시 기운의 발현이라고 할 수 있겠습니까?) 이 역시 살피지 않을 수 없습니다.

　주자가 일찍이 "천지의 성을 논할 때는 오로지 이치만을 가리켜서 말하고, 기질의 성을 논할 때는 이치와 기운을 섞어서 말한다"라고 했습니다. 바로 이치와 기운의 발현을 논한 것인데, 제가 일찍이 이 말을 인용해 "이치의 발현(理之發)이란 오로지 이치만을 가리켜서 말한 것이고, 기운의 발현(氣之發)이란 이치와 기운을 섞어서 말한 것이다"라고 했습니다. 이 말은 원리에 심하게 어긋나지 않는데도 선생님께서 살펴 받아들이지 않으셨으니, 말의 뜻이 잘 표현되지 않아서 그런 것이 아니겠습니까?

　보내주신 논변에서 "감정에 사단·칠정의 구분이 있는 것은 마치 성性에 본연本然·기품氣稟의 다름이 있는 것과 같다"라고 말씀하신 것은 저의 견해와 같습니다. 그런데 어찌

하여 살펴주지 않으시고 '근본은 같으나 방향이 다르다'고 생각하셨는지 모르겠습니다. '기질의 성은 이치와 기운을 섞어서 말한 것이다'라고 하는 것은 대개 본연의 성이 기질 속에 떨어져 있기 때문에 '섞어서 말한 것이다'라고 하는 것이라고 하셨습니다. 그러나 기질의 성 가운데 선한 것은 바로 본연의 성이니, 별개로 또 하나의 성이 있는 것이 아닙니다. 그렇다면 저의 설명에서 '칠정이 발현해 절도에 맞는 것은 사단과 실상은 같지만 이름은 다르다'라고 한 것 역시 도리에 해가 되지 않을 듯합니다. 다만 사단·칠정 및 이치·기운의 논변에서 분명히 결단하지 못했기 때문에 그 설명이 자못 한편으로 치우쳤고, 말하는 사이에 실수가 없지 않았던 것입니다.

이제 감히 요점만을 추려 논해서, 비평해 가르쳐주시기를 앙망합니다. 그 외의 온당하지 못했던 말과 구절을 지금 일일이 분석해 잘못을 바로잡아주시기를 청할 겨를은 없습니다. 그러나 큰 것이 같다면 작은 것은 굳이 힐난하시기를 기다리지 않더라도 끝내 필시 같은 곳으로 귀결될 것입니다. 바라오니 분명한 회답을 주신다면, 매우 다행이겠습니다.

9. 기명언의 사단칠정 총론〔附奇明彦四端七情總論〕[136]

주자가 말하기를 "사람은 천지의 중中을 받고 태어나, 아직 감응하지 않았으면 순수·지선해 모든 이치가 갖추어 있으니, 이른바 본성이다. 그러나 사람에게 본성이 있다면 형기가 있고, 형기가 있다면 마음이 있어 사물에 감응하지 않을 수 없다. 사물에 감응해 움직이면 본성의 욕망이 나와서 선과 악이 여기에서 나누어지는데, 본성의 욕망이 이른바 감정이다"[137]라고 했습니다. 이 몇 마디 말은 실로 〈악기〉의 움직임과 고요함의 뜻을 해석한 것으로, 말은 비록 간략하지만 이치를 모두 갖추어 본성과 감정에 대한 이론에 대해 남김없이 다 말했다고 할 수 있습니다.

그러나 여기서 이른바 감정이란 희·로·애·구·애·오·욕의 감정으로서 《중용》의 이른바 희·로·애·락과 동일한 감정입니다. 대체로 이미 마음이 있어 사물에 감응하지 않을 수 없다면 감정은 이치와 기운을 겸한다는 것을 알 수 있습니다. 또한, 사물에 감응해 마음이 움직여 선과 악이 여기에서 나누어지니, 감정에는 선과 악이 있다는 것도 알 수 있습니다. 희·로·애·락이 발현해 절도에 맞는 것은 곧 이치이고 선이며, 발현해 절도에 맞지 않는 것은 바로 기품의 치우침으로 말미암은 것이니, 선하지 않음이 있습니다. 맹자가 말한 사단은 이치와 기운을 겸하고 선과 악이 있는 감정 중에서 이치에서 발현해 선하지 않은 것이 없는 것만을 떼어내어 말한 것입니다. 대개 맹자는 본성이 선하다는 도리를 밝히면서 사단을 말했으니, 사단은 이치에서 발현해 선하지 않음이 없다는 것을 또한 알 수 있습니다.

주자는 또한 "사단은 바로 이치의 발현이고, 칠정은 바로 기운의 발현이다"[138]라고 했습니다. 대체로 사단은 이치에서 발현해 선하지 않음이 없기 때문에 그것을 이치의 발현이라고 하는 것은 진실로 의심할 것이 없습니다. 칠정은 이치와 기운을 겸하고 선과 악이 있으므로 그것이 발현된 것이 오로지 기운만은 아니어도 기질과 섞이기 때문에 기운의 발현이라고 하니, 이것은 기질의 성에 대한 학설과 같습니다.

대체로 성性이 본래 선하지만, 기질 가운데 떨어져 있으면 치우치고 지나침이 없지 않기 때문에 '기질의 성'이라고 합니다. 칠정은 비록 이치와 기운을 겸하지만, 이치는 약하고 기운은 강해 관섭하지 못하면 악으로 흐르기 쉽기 때문에 기운의 발현이라고 합니다. 그러나 칠정 가운데 발현해 절도에 맞는 것은 이치에서 발현해 선하지 않음이 없으니, 그렇다면 사단과 애당초 다르지 않습니다. 그러나 사단을 단지 이치의 발현이라고만 한 것은 맹자의 뜻으로, 바로 사람들로 하여금 확충하게 하려는 것이니, 배우는 이가 몸소 익혀서 확충하지 않을 수 있겠습니까? 또한 칠정은 이치와 기운의 발현을 겸하지만 이치의 발현이 혹 기운을 주재하지 못하거나 기운의 유행이 도리어 이치를 가리기도 하니, 배우는 이는 칠정의 발현을 성찰해 잘 다스리지 않을 수 있겠습니까? 그러한 까닭으로 사단·칠정의 이름과 뜻이 각각 그렇게 되는 것이니, 배우는 이는 진실로 이것으로 말미암아 구할 수 있다면, 생각이 절반 이상을 넘어섰다고 할 수 있습니다.

또한 《중용혹문》에서는 희·로·애·오·욕을 인·의에 가까운 것으로 보고 있습니다. 주자는 "본래 서로 비슷한 점이 있다"[139]라고 했습니다. 그런데 '서로 비슷한 점이 있다'고만 하고 서로 비슷한 것이 무엇인지 정확히 말하지 않았는데, 여기에는 아마도 깊은 뜻이 있는 듯합니다. 지금 논하는 자들은 대부분 희·로·애·락을 인·의·예·지와 짝짓고 있지만, 과연 주자의 뜻에 부합할지는 알지 못하겠습니다. 대개 사단·칠정의 설은 각각 하나의 뜻을 밝혀 드러낸 것이니, 섞어서 하나의 설로 만드는 것은 옳지 못합니다. 이 점 역시 알아야 합니다.

10. 거듭 기명언에게 답함〔重答奇明彦〕[140]

지난번에 보내주신 사단·칠정에 대한 후설과 총론을 반복해 완미해보았습니다. 옛사람들의 "처음에는 엇갈리며 순서를 달리하지만, 충분히 의견을 주고받으면 마침내 활짝 피어 같은 곳으로 귀결된다"라는 말이 진정 헛말이 아니었습니다. 지난 서간에서 대략 말씀드린 것은 오랫동안 숙고한 것이 아니라 공의 귀만 더럽히고 말았을 것입니다. 미진했음을 이제야 말합니다.

"희·로·애·락을 인·의·예·지와 짝짓는 것은 진실로 유사하긴 하지만 미진하다고 할 수 있습니다. 지난번 〈천명도〉에도 유사성에 근거해 구차하게 시험 삼아 나누어 적었지만, 그것에 진정 사덕四德과 인·의·예·지의 관계처럼 일정한 분류와 배합이 있다고 생각한 것은 아닙니다. 공께서는 '이것은 이치의 발현이다'는 말은 오로지 이치만을 가리켜서 말하는 것이지만, '이것은 기운의 발현이다'는 말은 이치와 기운을 섞어서 말하는 것이라고 했습니다. 저는 일찍이 이 말을 '근본은 같지만, 말단은 다르다(本同末異)'라고 간주했습니다. 비루한 저의 견해가 공의 설명과 진실로 같은 것은 이른바 '근본은 같다'는 점에서입니다. 그리고 고명하신 공께서 이 점에 근거해 고찰하여, 마침내 사단과 칠정은 필시 이치와 기운으로 나누어 귀속시킬 수 없다고 했으니, 이것이 바로 '말단은 다르다'는 것입니다.

진실로 지난날 공의 밝은 견해와 숭고한 논의가 지금 보내온 후설과 총설처럼 투철·명료하게 통했다면 어찌 '말단의 다름'이 있었겠습니까? 일찍이 우리 두 사람이 주고받은 논변을 한 권의 책으로 만들어 때때로 반성하고 잘못된 곳을

고치려고 했지만, 간혹 수합하여 상재하지 못한 것이 있어
한스럽습니다.

조선 최대의 지적 사건,
사단칠정 논쟁

1. 사단칠정론의 배경

흔히 주자朱子로 존칭하는 회암晦庵 주희朱熹(1130~1200)는 집대성자로 간주된다. 그는 고전 유가 경전을 철학적으로 새로이 주석하고 유교에 결여되어 있던 형이상학적 체계를 건립함으로써, 성리학(주자학, 정주학, 신유학, 성명의리지학)이라는 새로운 유학 사조를 완성했다.[141] 주자는 당시 횡행하던 도교와 불교의 몰인륜성과 초월적 허무주의를 비판·극복하고, 중국의 정통 학문이자 실학實學으로 유학을 재정립했다. 그는 북송 오자五子로 대표되는 주돈이周敦頤(1017~1073)의 태극론太極論, 장재張載(1020~1077)의 기학氣學, 소옹邵雍(1011~1077)의 상수학象數學, 정호程顥(1032~1085)의 체용일원론體用一元論, 그리고 정이程頤(1033~1107)의 이학理學을 창의적으로 계승하고 발전시켜 '이기론理氣論'을 정립했다. 주자의 이기론은 상대적으로 경전을 수집하고 배열하는 데만 치우쳐 있던 훈고학적 경전 해석을 혁신하고 재해석해 유가 정신을 되살렸다. 그는 실로 일촌광음도 가벼이 하지 않는 끊임없는 노력과 비판 정신으로 대표작인《사서집주四書集註》를 위시해 오경五經에 대한 주석인《주역본의周易本義》,《역학계몽易學啓蒙》,《역전易傳》,《서설書說》,《시집전詩集傳》,《의례경전통해儀禮經傳通解》를 완성했고, 그의 경전 해석은 후대 과거시험의 표준으로 인정되면서 정통으로서 거의 독존적인 영향력을 행사했다.

　주자가 시도한 유가의 형이상학적 정초 작업은 우주론뿐만 아니라 인성론에서도 그대로 나타난다. 그의 인성론은 기본적으로 맹자의 입장을 정통으로 인정하며 성선설에 초점을 두었다. 맹자는 '인간의 본성은 선하다'고 주장하고 이를 '유자입정孺子入井'의 예를 통해 증명했지만, 명확히 형이상학적으로 정초하지는 않았다.[142] 주자는 우선 맹자의 성선설을 형이상학적으로 정초할 단초를 "인간의 본성이란 바로 보편적인 천리다(性卽理)"라는 정자의 언명에서 찾았다. 인성이 천리이고 그 자체로 선한 것이라면, 악은 도대체 어디에서 유래할까? 주자는 이 문제를 해결할 단서를 장재의 천명지성天命之性과 기질지성氣質之性의 구별에서 찾았다. 즉, 그는 천명의 인간 본성은 모두 선하지만 인간의 몸을 구성하는 기운에 의해 그 본성이 가려짐으로써 선한 본성이 완전히 실현되지 못하고 악으로 전락할 수 있다고 논리화했다. 이로써 인간의 본성·감정이 우주론적 토대인 이치·기운과 어떻게 연관되는지 어느 정도 이론화되었다고 할 수 있다.

그러나 주자가 아직 명확히 제시하지 않은 것이 있었다. 그것은 바로 인간 본성에서 유래하는 순수하게 선한 도덕 감정인 '사단'과 인간의 감정 일반을 말하는 '칠정'을 어떻게 이치·기운이라는 우주론적 개념으로 정립해 유가의 형이상학을 완성할 것인가 하는 문제였다. 주자 이후 성리학적 심성론 및 수양론의 완성은 실로 이 문제에 달려 있었다고 해도 과언이 아니었는데, 사단칠정론은 바로 이런 연유에서 대두되었다고 할 수 있다.

2. 사단칠정론의 경과

(1) 발단과 고봉의 문제 제기

고려 중기의 신진 사대부인 안향安珦(1243~1306), 혹은 백이정白頤正(1247~1323)에 의해 전래된 성리학은 조선의 건국(1392)과 더불어 국가 이념으로서 전면적으로 활발하게 논의됐다. 특히 화담 서경덕徐敬德(1489~1546)과 회재 이언적李彦迪(1491~1553) 등은 이기론 및 태극론 등에서 상당히 성숙한 이론을 정립·발전시켰다. 이제 문제는 이기·태극론을 어떻게 심성론과 연관해 정립하여 궁극적으로 성인이 되는 수양론으로 귀결시킬 것인가 하는 것이었다.

이런 과정에서 1537년에 추만 정지운은 《성리대전》의 인물지성人物之性에 대한 논의를 근거로 〈천명도설〉을 구성해, 태극·이기론을 사단·칠정과 연관시켰다. 퇴계는 조카 교喬를 통해 이 도안을 입수했고, 문제가 있다고 생각하여 직접 정지운을 찾아가 토론한 끝에 자신의 의견이 반영된 개신된 도안(〈천명신도〉, 1553)을 작성했다. 이때 퇴계는 〈천명구도〉의 "사단은 이치에서 발현하고[四端 發於理], 칠정은 기운에서 발현한다[七情 發於氣]"라는 구절을 "사단은 이치의 발현이고[四端 理之發], 칠정은 기운의 발현이다[七情 氣之發]"라고 수정했다. 즉 퇴계는 처소격 조사인 '어於'를 소유격(이치의 발현, 기운의 발현)의 '지之'[143]로 바꿈으로써 사단·칠정과 이치·기운 관계를 단순한 '영역' 관계가 아니라 명확한 근거 관계로 정립했다.

이런 가운데 1558년 당시에 문과 시험에서 장원을 한 고봉 기대승(31세)이 성균관대사성(삼품 당상관)으로 학계의 최고 권위에 있던 퇴계(58세)를 방문해 퇴계의 언명에 의문을 제기했다. 고봉을 접견한 퇴계는 몇 달 후(1959년 1월), 멀리 전라도 광주에 내려가 있던 고봉에게 손수 서간을 보내 자신이 수정한 구절에 대해 자문을 구했다. 이것이 바로 조선 시대 삼대 논쟁 중 첫 번째로 손꼽히는 사단칠정론의 시작이었다. 퇴계는 다음과 같이 말했다.

지난번에 서로 만나고자 하던 소망은 이루었습니다. 한번의 꿈처럼 짧은 순간이어서 같이 깊이 토론할 겨를이 없었지만, 오히려 서로 흔연히 계합하는 곳이 있었습니다. 또한 선비와 벗들 사이에서 공이 논변한 사단칠정설을 전해 들었습니다. 저 역시 일찍이 그 말이 온당하지 않다고 생각하여 병통으로 여기고 있었습니다. 공의 따끔한 논박을 받고서 성글고 잘못되었음을 더 잘 알게 되었습니다. 즉시 '사단의 발현은 순수한 이치 때문이니 선하지 않음이 없고(四端之發 純理故無不善), 칠정의 발현은 기운을 겸하기 때문에 선과 악이 있다(七情之發 兼氣故有善惡)'라고 고쳤습니다. 이와 같이 말하면 병통이 없을는지 모르겠습니다.[144]

그러나 젊고 총명하여 혈기가 넘쳤던 고봉은 퇴계의 수정된 언명에 만족하지 못하고 직접 논박하는 서간을 보낸다.

대개 사람의 마음이 아직 발현하지 않았다면(未發) 본성이라 하고, 이미 발현했다면(已發) 감정이라 합니다. 본성은 선善하지 않음이 없지만, 감정에는 선과 악이 있음은 본래부터 그러한 이치입니다. 다만 자사와 맹자가 가리켜 말한 것이 다르기 때문에 사단·칠정의 구별이 있게 되었을 뿐, 칠정 이외에 다시 사단이 있는 것은 아닙니다. 그런데 지금 만약 '사단은 이치에서 발현하면서 선하지 않음이 없고(四端 發於理而無不善), 칠정은 기운에서 발현하면서 선과 악이 있다(七情 發於氣而有善惡)'라고 말한다면, 이는 이치와 기운을 판연히 갈라서 두 가지 것으로 간주하는 것이며, 칠정은 본성에서 나오지 않고 사단은 기운을 타지 않는다는 것이 됩니다. 이 말의 뜻에는 병통이 있어 후학의 의심이 없을 수 없습니다. 또한 '사단의 발현은 순수한 이치에서 비롯하니 선하지 않음이 없고, 칠정의 발현은 기운을 겸하기 때문에 선과 악이 있다'라고 고친다면, 비록 앞의 학설보다는 조금 나은 듯하지만, 어리석은 제 생각에는 여전히 온당하지 않은 것 같아 염려됩니다.145

요컨대 고봉은 '자사와 맹자가 이론을 정립할 때 취한 용어의 구별에서 사단·칠정의 구별이 있을 뿐, 칠정 이외에 다시 사단이 있는 것은 아니다'라는 것이다. 즉 사단이 비록 순수하게 선하다고 해도, 그것 또한 '감정'이라는 점에서 감정 일반을 지시하는 칠정에 포함〔七情包四端〕되며, 따라서 사단과 칠정을 각각 이치의 발현과 기운의 발현으로 나누어 귀속시키는 것은 어불성설이라는 것이다.

(2) 퇴계의 1차 답변

고봉의 문제 제기를 접한 퇴계는 심혈을 기울여 자신의 입장을 정리해 서간을 보낸다. 이 서간에 나타난 퇴계의 핵심 진술은 다음과 같다.

① 대개 사단은 감정이고 칠정 또한 감정입니다. 같은 감정인데 어째서 사단·칠정이라는 다른 이름이 있을까요? 보내주신 서간에서 이른바 '가리켜 말한 것이 다르다'고 하신 것이 이것입니다…그러나 '가리켜 말한

것이 다르면' 구별이 없을 수 없습니다. ② 측은·수오·사양·시비는 무엇으로부터(何從) 발현합니까? 인·의·예·지의 본성에서 발현합니다. 희喜·로怒·애哀·구懼·애愛·오惡·욕欲은 무엇으로부터 발현합니까? 외적 사물이 사람의 형기形氣에 접촉하면 그 대상(境)으로 인해 마음이 움직여 발출합니다…이러한 점에서 미루어보면 사단·칠정이 모두 이치와 기운에서 벗어난 것은 아니지만, 어찌 유래하는 곳(所從來)에 근거해 각각 주도하는 것(所主)과 중한 것(所重)을 가리켜 어떤 것은 이치라 하고 어떤 것은 기운이라고 말할 수 없겠습니까? ③ 사단·칠정이 유래하는 곳을 따져보지도 않은 채, 대충 이치와 기운을 겸하고 선과 악이 있는 것이라고 여기면서, 깊이 분별해 말하는 것은 옳지 않다고…이치와 기운을 하나로 여겨(以理氣爲一物) 분별함이 없습니다…공이 계속 이를 고수하신다면, 부지불식간에 차츰차츰 기운을 본성이라고 논하는 폐단에 빠져들고, 인욕人欲을 천리天理로 오인하는 병통에 떨어질 것입니다.146

여기서 퇴계는 ① 고봉의 지적에 따라 사단 또한 감정이라는 점에서 칠정의 범주에서 벗어나지 않는다고 우선 인정한다. 그러나 퇴계와 고봉의 주장은 여기까지만 일치한다. 퇴계는 비록 사단이 칠정의 범주 안에 포함되어도 사단과 칠정은 '가리켜 말하는 것이 다르기(所就而言之者 不同)' 때문에 그 개념을 구별해야 한다며, 고봉과 의견을 달리한다. 고봉은 사단과 칠정이 비록 명의名義는 달라도 사단 또한 감정이라는 점에서 감정 일반을 논하는 칠정의 범주 내에서 논의해야 한다고 주장하는 반면, 퇴계는 사단 또한 감정이라 해도 명의가 다르다면 유래하는 곳에 따라 구별해서 나누어 말해야 한다는 것이다. 그렇다면 어떻게 구별될까? 퇴계는 ② 사단은 사덕이라는 본성에서 발현한 것이고, 칠정은 외물과 접촉한 형기가 마음을 움직여 발출하는 것이어서 유래하는 곳이 다르며, 따라서 각각 주도하는 것과 중한 것을 가리켜 사단은 이치의 발현으로, 그리고 칠정은 기운의 발현으로 나누어 귀속시켜야 한다고 설명한다. 그리고 ③ 사단·칠정이 이렇게 유래하는 곳이 다른데도 각각을 분별하지 않는다면 이치와 기운을 하나로 여기게 해 결국에는 기운에서 유래하는 인욕을 천리의 본성으로 오인하는 폐단에 빠질 수 있다고 경고한다.

요컨대 이기론理氣論의 관점에서 보면, 퇴계 또한 이치·기운이 현실에서 서로 필요〔相須相待〕로 하므로 분리될 수 없다〔不相離〕는 것을 인정한다. 그러나 이치·기운이 상수相須·불리不離해 하나의 어떤 사태 혹은 사물을 이룬다고 해도〔同〕, '이치는 이치고〔理自理〕 기운은 기운〔氣自氣〕'이라는 점에서 서로 나누어 귀속시키지 않을 수 없다(이치와 기운은 서로 섞이지 않는다〔不相雜: 異〕)는 것이다. 따라서 사단 또한 칠정과 마찬가지로 하나의 감정〔同〕이라고 할 수 있지만, 유래하는 곳을 추구해보면 사단은 인간 본성에서 유래한 천리의 발현이고, 칠정은 형기가 외적 사물에 감응해 발출한 기운의 발현으로 구별해 다르게〔異〕 귀속시켜야 한다는 것이다〔同中有異〕.

그렇다면 퇴계가 이렇게 사단과 칠정을 각각 그 유래하는 곳에 따라 이치의 발현과 기운의 발현으로 굳이 구분해 귀속시키려고 한 이유는 무엇일까? 그것은 바로 ③에서 드러나듯, "이치와 기운을 하나로 여겨〔以理氣爲一物〕부지불식간에 차츰차츰 기운을 본성이라고 논하는 폐단에 빠져들고, 인욕人欲을 천리天理로 오인하는 병통에 떨어질 것"을 염려했기 때문이다. 즉 사단이라고 하는 순수하고 도덕적인 감정의 근거를 확보하는 것이 바로 퇴계의 사단칠정론의 핵심 과제였다고 할 수 있다.

(3) 고봉의 반론

퇴계의 1차 답변을 접한 고봉 또한 장문의 서간을 보내 퇴계의 입론에 조목조목 반론을 펼친다. 그 핵심 논거는 다음과 같다.

① 그러나 칠정이라는 것은 비록 기운의 간섭을 받는 것 같지만, 본래 그 가운데에 이치도 있습니다. 그러므로 발현해 절도에 맞는 것은 곧 천명의 성, 본연의 체〔本然之體〕로서, 맹자가 말한 사단과 실상은 같은데 이름만 다릅니다. 발현해 절도에 맞지 않는 것은 품부된 기운과 물욕이 그렇게 만든 것이지 성의 본연이 그런 것은 아닙니다. 제가 지난번 설명에서 '칠정 이외에 다시 사단이 있는 것은 아닙니다'라고 한 것과, '사단·칠정이란 것에 처음부터 두 가지 이름과 뜻이 있는 것은 아닙니다'라고

한 것은 바로 이러한 의미에서 한 말입니다. 그렇기에 선생님께서 "사단은 이치를 위주로 하고, 칠정은 기운을 위주로 한 것이다…"라고 말씀하신 것은 비록 〔제 생각과〕 대강은 같지만, 상세한 내용에서는 다른 데가 있습니다. ② 칠정이 어찌 이치와 기운을 겸하고 선과 악을 갖지 않겠으며, 사단이 어찌 칠정 가운데 이치이며 선한 것이 아니겠습니까? 그런데도 사단·칠정을 이치와 기운에 나누어 귀속시키면서 서로 관섭하지 않는다고 하신다면, 한쪽으로 치우친 것입니다. 보내주신 논변에서, "측은·수오·사양·시비가 무엇으로부터 발현하는가? 인·의·예·지의 본성에서 발현한다"라고 하셨습니다. 어리석은 저의 생각에 사단이 진실로 인·의·예·지의 본성에서 발현하지만, 칠정도 인·의·예·지의 본성에서 발현합니다. ③ 대체로 각기 유래하는 곳이 있다는 것은 그 원두原頭의 발단이 다르다는 말입니다. 사단·칠정이 모두 본성에서 발현하는데 각기 유래하는 곳이 있다고 하면 옳겠습니까? 사단·칠정에서 절도에 맞는 것과 맞지 않는 것을 가지고 각기 유래하는 곳이 있다고 하면 혹 도리에 가까울 수도 있습니다.147

　　고봉은 ① 퇴계가 각각 유래하는 곳 및 위주로 하는 것에 따라 사단과 칠정을 이치의 발현과 기운의 발현으로 나누었지만, 사단뿐만 아니라 칠정 또한 본성의 발현〔性發爲情〕이라는 점에서 퇴계의 구분은 올바르지 않다고 주장한다. 그리고 ② 사단은 기운 가운데 이치이며, 칠정 또한 이치와 기운을 겸한 것이기 때문에 사단과 칠정을 각각 이치의 발현과 기운의 발현으로 나눈 것은 구분이 너무 심하다고 지적한다. 나아가 ③ 칠정이 사단을 포함한다는 점에서 감정이 발현해 절도에 맞는 것이 바로 사단이지, 사단이라는 것이 칠정 이외에 별개로 존재하는 것이 아니고, 또한 기운의 품부와 물욕이 절도에 맞지 않는(不中節) 악을 가져오는 것이지, 본연의 성이 악을 가져오는 것이 아니라고 말한다.

요컨대 고봉은 이치와 기운은 현실에서 나누어지지 않는다(不相離)는 관점에서, 선과 악은 기운이 이치의 발현을 은폐하느냐에 달려 있지 유래하는 곳에 의해 결정되지 않는다고 주장한다. 따라서 사단이란 기품이나 물욕에 구애되지 않고 절도에 맞게 이치를 구현하는 데에서 성립하는 것이지, 단순히 이치에서 유래했다고 사단이라고 말할 수는 없다고 주장한다. 나아가 실제 현실에서 사단 또한 기운 가운데 이치이고, 칠정 또한 이치를 겸한다는 점에서 이 둘을 각각 이치와 기운으로 분속시키는 것은 구분이 너무 심하다는 것이다. 퇴계가 사단과 칠정을 주된 유래하는 곳에 의해 나눴다면, 고봉은 이치와 기운이 나누어지지 않는다는 관점에서 중절中節(善)과 부중절不中節(惡)로 나누고 있다고 할 수 있다.

(4) 퇴계의 수정안과 반론

고봉의 이런 비판을 받은 퇴계는 우선 자신의 첫 번째 편지의 몇 군데 표현에 착오가 있었다고 인정하며 그것을 고친

〈개본〉을 보낸다. 그러고는 고봉의 의견과 자신의 의견의 차이점을 열거한 후, 근본은 같으나 방향이 다른 것과 끝내 동의할 수 없는 것을 조목별로 나누어 집중적으로 다룬다. 퇴계는 존재론적인 측면에서 "이치와 기운은 서로 떨어질 수 없다[理氣不相離]"는 점만은 부정할 수 없었다. 그래서 그는 먼저 자신의 입장을 약간 수정해 다음과 같이 제시한다.

> 혼륜해 말하면 칠정은 이치와 기운을 겸한다는 것은 두말할 나위 없이 분명합니다. 칠정을 사단의 상대로 놓고 각각 구분해 말하면 칠정과 기운의 관계는 사단과 이치의 관계와 같습니다. 따라서 발현하는 것에 각각 혈맥이 있고, 그 이름에는 모두 가리키는 것이 있기 때문에 위주가 되는 것에 따라 나누어 귀속시킬 수 있습니다. 저 또한 칠정이 이치의 간섭 없이 외적 사물이 우연히 접촉할 때 감응해 움직인다고 생각하지는 않습니다. 사단이 외적 사물에 감응해 움직이는 것도 진실로 칠정과 같습니다. 다만 사단은 이치가 발현함에 기운이 따르는 것[四端則理發而氣隨之]이고, 칠정은 기운이 발현함에 이치가 타는 것[七情則氣發而理乘之]일 뿐입니다.148

이것이 바로 사단·칠정에 대해 퇴계가 정립한 이론인 호발설互發說의 최종 정식이다. 여기서 퇴계는 이전의 논의를 보완해 이치와 기운이 떨어질 수 없는 관계임을 설명하기 위해 노력하고 있다. 그러나 여전히 사단과 칠정은 발현하는 혈맥이 따로 있고, 이름이 위주가 되어 지시하는 것이 각각 있다고 말하면서, 결국 칠정과 기운의 관계는 사단과 이치의 관계와 같다는 기존의 입장을 되풀이한다. 나아가 여기서 퇴계는 가치론적으로 이치·기운이 권리상de jure 주종主從 관계에 있어야 한다고 역설한다. 다음과 같은 퇴계의 언명은 대개 이런 뜻에서 기술된 것이다.

> 같은 곳에 입각해 논한다면 두 가지 뜻이 없다는 말은 그럴듯합니다. 그러나 만약 두 가지를 상대적인 것으로 열거하고 그 근원을 추구해보면 실로 이치와 기운의 분별이 있는데, 어찌 다른 뜻이 없겠습니까?…맹자가 한쪽을 떼어내어 사단만을 말했을 때는, 어찌 '이치의 발현'만 가리켜서 말한 것이 아니겠습니까? 사단이 유래하는 곳이 이치라면, 칠정이 유래하는 곳은 기운이 아니면 무엇이겠습니까?149

(5) 고봉의 재반론과 논쟁의 타협

퇴계의 수정안과 반론이 담겨 있는 서간을 받은 고봉은 세 번째 서간을 보내, "모두 삼십여 조목에서 이미 저와 의견이 같은 것은 열여덟 조목이고 다른 것이 열일곱 조목인데, 이미 같은 것은 모두 큰 절목이고 다른 것은 소소한 나머지 논의입니다. 그러니 이미 같은 것으로 다른 것을 궁구한다면 다른 것도 끝내 같은 것으로 귀결될 것입니다"라고 말하면서 합의를 시도한다. 그러나 그러면서도 다음과 같이 지적한다.

'나누어 귀속시킬 수 없다'고 했는데, 비루한 제 생각에 이미 선현들의 정론으로 칠정은 이치와 기운을 겸하고 선과 악이 있음이 분명합니다. 선생님께서는 사단·칠정을 상대적인 것으로 거론해 번갈아 말씀하시며 사단은 이치라 하고 칠정은 기운이라 하시니, 그렇다면 칠정의 이치한쪽을 사단이 점유하는 것이 되어, 선과 악이 마치 기운에서만 나오는 것과 같습니다…"사단은 이치가 발현함에 기운이 따르고, 칠정은 기운이 발현함에 이치가 탄다"라는 두 구절은 매우 정밀합니다. 그러나 비루한 저의 생각에는 이 두 구절이 칠정은 '이치의 발현'과 '기운의 발현'을 겸해 지니고 있고(七情則兼有), 사단은 단지 '이치의 발현' 한쪽만을 지닐뿐(四端則只有理發一邊)이라는 뜻으로 여겨집니다. 저는 이 두 글귀를 "감정이 발현함에 혹 이치가 움직여 기운이 함께 갖추어지기도 하고, 혹 기운이 감응해 이치가 타기도 한다(情之發也 或理動而氣俱 或氣感而理乘)"라고 고치고 싶습니다.150

여기에서 고봉의 지적은 '칠정이 사단을 포함한다는 점에서 사단과 칠정은 상대적인 것으로 대등하게 거론될 수 없다'는 것이다. 따라서 고봉은 사단과 칠정을 대등하게 말하고 있는 퇴계의 호발설(四端則理發而氣隨之, 七情則氣發而理乘之)은 감정이 사단을 포함하는 방식으로 고쳐, 이를테면 "감정이 발현함에 혹 이치가 움직여 기운이 함께 갖추어지기도 하고, 혹 기운이 감응해 이치가 타기도 한다(情之發也 或理動而氣俱 或氣感而理乘)"는 등의 표현으로 바꿔야 할 것 같다고 주장한다. 나아가 고봉은 사단은 순수 본성의 발현이라는 점에서 이치와 연관시켜 '이치의 발현'이라고 말할 수 있지만, 칠정은 이치와 기운, 그리고 선악을 겸한다는 것이 정론이기 때문에 사단을 이치에 연관시킨 것과 같은 방식으로 오로지 기운과 연관시켜 '기운의 발현'이라고 말할 수 없다고 주장한다.

사단·칠정을 이치와 기운으로 나누어 귀속시키는 것에 대한 퇴계와 고봉의 논쟁은 사실상 이 서간으로 끝이 난다. 퇴계는 고봉이 답한 서간 가운데 몇 단락을 비평해두고 다시 화답하지 않았으니, 그때가 1562년 겨울로 퇴계의 나이 62세였다. 이후(1566) 고봉은 〈사단칠정 후설〉과 〈사단칠정 총론〉을 보내 타협점을 모색하고, 논쟁을 종결지으려 한다. 그는 우선 퇴계의 지론의 근거였던 '주자의 언명을 반복해 참구하니 자신의 이전 설명이 극진하지 못했다'며 퇴계의 호발성을 승인하고 예의를 갖춘다.

맹자는 사단을 논하면서 "무릇 나에게 있는 사단을 확충할 줄 안다면…" 이라고 말했습니다. 자신에게 있는 사단을 확충하려 했으니, '사단은 이치의 발현이다'라는 말은 진실로 그러합니다…무릇 칠정이 성하면 더욱 방탕해지기 때문에 절제해 중에 맞도록 하려 했으니, '칠정은 기운의 발현이다'라는 말 역시 진실로 그러합니다. 여기에 따르면 사단·칠정을 이치와 기운에 나누어 귀속시키는 것은 자연히 의심할 필요가 없으며, 사단·칠정이라는 이름과 뜻에도 진실로 까닭이 있음을 살피지 않을 수

없습니다.151

그러나 고봉은 여전히 자신의 핵심 입론인 '칠정은 사단을 포함한다', '칠정 가운데 절도에 맞아 선한 것은 사단과 다르지 않다', 그리고 '칠정은 이치와 기운을 겸한다'라는 주장을 철회하지 않는다.

그렇다면 칠정이 발현되면서 절도에 맞는 것은 처음에는 사단과 같습니다. 칠정이 비록 기운에 속하지만 이치가 본래 스스로 그 가운데 있으므로 발현해 절도에 맞는 것은 바로 천명의 성과 본연의 체니, 어찌 이것이 기운의 발현이라고 해서 사단과 다르다고 할 수 있겠습니까?152···이른바 감정이란 희·로·애·구·애·오·욕의 감정으로서 《중용》의 이른바 희·로·애·락과 동일한 감정입니다. 대체로 이미 마음이 있어 사물에 감응하지 않을 수 없다면 감정은 이치와 기운을 겸한다는 것을 알 수 있습니다.153

고봉의 이런 절충안에 대해 퇴계는 마침내 다음과 같은 글을 보내 논의를 종결짓는다.

지난번에 보내주신 사단·칠정에 대한 후설과 총론을 반복해 완미해보았습니다. 옛사람들의 "처음에는 엇갈리며 순서를 달리하지만, 충분히 의견을 주고받으면 마침내 활짝 피어 같은 곳으로 귀결된다"라는 말이 진정 헛말이 아니었습니다…진실로 지난날 공의 밝은 견해와 숭고한 논의가 지금 보내온 후설과 총설처럼 투철·명료하게 통했다면 어찌 '말단의 다름'이 있었겠습니까? 일찍이 우리 두 사람이 주고받은 논변을 한 권의 책으로 만들어 때때로 반성하고 잘못된 곳을 고치려고 했지만, 간혹 수합하여 상재하지 못한 것이 있어 한스럽습니다.154

3. 논쟁의 평가와 현대적 의의

추만의 〈천명구도〉에 나오는 "사단은 이치에서 발현하고〔四端 發於理〕, 칠정은 기운에서 발현한다〔七情 發於氣〕"라는 말을 수정한 데에서 출발한 퇴계의 언명은 다음과 같은 과정을 거치면서 정립되었다.

① 사단은 이치의 발현이고〔四端 理之發〕, 칠정은 기운의 발현이다〔七情 氣之發〕.

② 사단의 발현은 순수한 이치이기 때문이니 선하지 않음이 없고〔四端之發 純理故無不善〕, 칠정의 발현은 기운을 겸하기 때문에 선과 악이 있다〔七情之發 兼氣故有善惡〕.

③ 사단은 이치가 발현함에 기운이 따르고〔四端則理發而氣隨之〕, 칠정은 기운이 발현함에 이치가 타는 것이다〔七情則氣發而理乘之〕.

퇴계의 최초 입론 ①은 앞서 지적했듯이 처소격인 '어於'를 소유격의 '지之'로 바꿈으로써, 사단·칠정과 이치·기운을 단순히 '영역'으로만 구분하는 것이 아니라 명확한 '근거 관계'로 정립하려 한 것이다. 그러나 이 입장은 사단·칠정이 각각 이치와 기운의 독자적인 발현인 양 오해될 소지를 갖고 있으며, 또한 칠정이 절도에 맞는지〔中節〕 혹은 맞지 않는지에 따라 선과 악이 발생한다는 사실에 위배되고 만다. 그래서 퇴계는 ②의 입장을 제안했다. 이치와 기운은 각자 독자적으로 발현하지 않고 동시에 발현한다는 전제 아래, 사단은 기운의 용사用事를 받지 않는 순수 이치의 발현이기 때문에 선하고, 칠정은 이치와 기운이 함께 발현한 것이기 때문에 절도에 맞는가 안 맞는가에 따라 선과 악이 있다고 한 것이다.

그러나 이러한 수정안 또한 사단이 칠정의 범주에 속하는 특수한 감정〔七情包四端〕이라는 점을 간과하고 있으며, 나아가 칠정이 선과 악을 갖게 되는 것이 기운에 기인한다고 해석될 소지를 지니고 있었다. 바로 이러한 난점 때문에 퇴계는 결국 ③을 제시해 최종 입론으로 삼고자 했다. 이러한 과정을 거치면서 퇴계는 이치와 기운을 개념상 분리시키는 호발설을 끝까지 견지했다. '사단 또한 칠정과 마찬가지로 감정이라고 해도 그 명의名義와 유래하는 곳이 다르기 때문에 구별하지 않을 수 없다〔同中有異〕'는 주장을 펼친 것이다. 사단·칠정을 구별하지 않으면 인욕을 천리로 오인하는 병통에 빠질 수밖에 없다는 것이 퇴계의 우려였다.

　그러나 칠정 이외에 별개의 사단이 존재한다는 것을 부정한 고봉은 사단이란 칠정 중 절도에 맞는 선한 감정을 지시할 따름이라고 거듭 강조했다. 그리고 '본성의 발현이 감정이 된다(性發爲情)'는 입장에서 사단뿐만 아니라 칠정 또한 본성에서 유래하기 때문에 사단과 칠정을 '유래하는 곳(所從來)'에 의해 구분하는 것은 잘못되었다며 시종일관 퇴계를 비판해 곤경에 빠뜨린다. 그러나 퇴계 또한 끝내 "나의 주장에 문제가 있다면 문자의 결함이나 말의 기세에 병통이 있었을 뿐, 큰 뜻(大旨)에 있어서는 옳았다"[155]라고 말하며, 다소 개방적이고 수용적인 자세를 취하는 것 같지만 자신의 기본 입장을 바꾸지 않았다.

　후대의 평가는 퇴계에게 우호적이지 않았다. 특히 명유 율곡 이이는 "무형·무위無形無爲한 이치는 만물의 소이연所以然이자 주재主宰이며, 유형·유위有形有爲한 기운은 만물의 소연所然이며 이치의 의착처依着處이자 소승所乘이다"라는 점에서 퇴계식의 호발설은 타당하지 않다고 비판했다. 그는 "기운이 발동할 때에 이치가 타는 하나의 길만이 가능하다(기발이승일도설氣發理乘一途說)"는 입장을 광범위한 전거를 제시하며 설득력 있게 제시했다.

　만약 이치와 기운이 상호 발용發用한다고 하면, 이치가 발용할 때 기운이 혹 미치지 못하는 바가 있고 기운이 발용할 때 이치가 혹 미치지 못하는 바가 있다는 것이다. 만일 이와 같다면 이치와 기운에 나누어짐과 합해짐, 앞과 뒤가 있는 것이니…그 착오가 작지 않다.156

요컨대 율곡에 따르면, "이치는 무위이고 기운은 유위이기 때문에 호발설은 논리적으로 불가능하고, 오직 '기운이 발동할 때에 이치가 타는 하나의 길'만이 가능하며, 바로 그 때문에 공자는 '사람이 능히 도를 넓힐 수 있지, 도가 사람을 넓히는 것이 아니다'라고 말했다".157 나아가 율곡은 이러한 '기발이승일도설'이 천지의 작용(天地之化)부터 우리 마음의 발용(吾心之發)에 이르기까지 수미일관하다고 주장한다. 후에 다산 정약용은《중용강의보中庸講義補》에서 임금의 질문에 답하는 형식으로 다음과 같이 말했다.

저는 '사단은 이치의 발현이고, 칠정은 기운의 발현에 속한다'는 설에 대해 일찍이 의심을 품어왔습니다…기운이란 스스로 존재하는 것(自有之物)이며, 이치란 의존해 부착하는 성품(依附之品)입니다. 이치는 반드시 스스로 존재하는 기운에 의지하는 까닭에 '기운의 발현'이라고 말하니, 기운이 발현할 때 이치가 거기에 있습니다. 그러므로 '기운이 발현함에 이치가 탄다(七情則氣發而理乘之)'고 하면 옳지만, '이치가 발현함에 기운이 따른다(四端則理發而氣隨之)'고 하면 옳지 않습니다…동유東儒(율곡)가 '발현하는 것은 기운이고, 발현하는 까닭은 이치다'라고 말한 것은 참으로 정확합니다. 그 누가 바꿀 수 있겠습니까? 사단·칠정은 '기운이 발현함에 이치가 탄다'고 할 수 있을 뿐만 아니라…초목의 생태, 조수의 동작에까지 '기운이 발현하면 이치가 탄다'라는 말이 적용되지 않는 것이 없습니다.158

이처럼 율곡뿐만 아니라 다산도 퇴계의 호발설에 대해 비판적인 입장을 취했다. 물론 퇴계가 주장한 호발설에 찬동한 학자들 또한 그 비판자 못지않게 많았던 것은 사실이다. 이제 퇴계가 고봉과의 사단칠정론에서 제시한 입론들을 철학적인 입장에서 평가해보자. 과연 우리는 율곡과 다산의 견해를 따라, '사단은 이치의 발현함에 기운이 따른다'는 퇴계의 학설이 온당하지 못하다고 할 수 있을까? 이들의 비판이 상당한 설득력을 지니고 있지만, 여기에는 몇 가지 더 논의해보아야 할 것이 있다.

먼저 퇴계가 사용한 언어의 의미부터 밝혀보자. 율곡과 다산이 "오직 '기발氣發'만 있을 따름이다"라고 말할 때의 '발發'은 능동적인 발동(能發動)을 의미한다. 능동적인 발동은 유형·유위한 기운만 가능하므로 '기발이승일도설'은 설득력을 지닌다고 할 수 있다. 그런데 퇴계가 '이발理發' 혹은 '이지발理之發'이라고 말할 때의 '발發'은 능동적인 발동이 아니라 잠재되어 있던 형이상의 이치가 현실적으로 '발현發顯한다'는 의미가 강하다. 여기서 우리는 퇴계가 사용한 소유격 '지之'

가 주격으로도, 목적격으로도 해석될 수 있다는 사실에 주목해야 한다. 따라서 '이발理發' 혹은 '이지발理之發'이란 '이치가 발현함', '이치를 발현한 것', 그리고 '이치가 발현된 것〔理之所發〕'을 모두 의미한다.

또 지적할 것은, 퇴계와 고봉의 사단칠정론에서 문제가 된 것은 이치와 기운의 능동能動 혹은 능발能發의 문제가 아니라, 사단·칠정의 이치·기운론적 근거를 정립하는 것이었다는 점이다. 율곡의 '기발이승일도설'에 많은 영향을 끼친 고봉은 "감정이 발현하면 혹 이치가 움직여 기운이 함께 갖추어지기도 하고, 혹 기운이 감응해 이치가 타기도 한다〔情之發也 或理動而氣俱 或氣感而理乘〕"라고 했고, "맹자가 말한 사단은 이치와 기운을 겸하고 선과 악이 있는 감정 중에서 이치에서 발현해 선하지 않은 것이 없는 것만을 떼어내어〔四端者 則就情之兼理氣有善惡上 剔出其發於理而無不善者〕 말한 것이다"라고도 했다. 이렇게 근거 정립을 문제로 했기 때문에 퇴계는 "유래하는 곳〔所從來〕을 미루어 나아갔을 때", 혹은 "위로 그 근원을 추구해보면〔推其向上根源〕" 등의 표현을 써서 사단이란 '이발理發' 혹은 '이지발理之發'이라고 주장했던 것이다. 요컨대 율곡과 다산은 '발發'의 의미를 현실적인 물리적 운동〔유위, 발동〕의 의미로 사용했고, 퇴계는 근원과 유래의 현실적 실현이라는 의미로 사용했다고 할 수 있다. 퇴계는 사단이란 순수 도덕적인 선한 감정이 현실에서 무엇에 의해 발동하는가

하는 문제가 아니라, 그 상위의 무엇에 근거와 유래를 두고 현실에 발현하는지 밝히려 했다고 할 수 있다.

이 점에서 대설對說과 인설因說의 구분에 주목할 필요가 있다. 대설과 인설은 퇴계가 호발설을 정당화하기 위해 제시한 주자의 언명〔四端是理之發, 七情是氣之發〕에 대해, 고봉이 그 언명이 자신의 반론과 배치되지 않는다고 주장하기 위해 처음으로 언급했다. 고봉은 다음과 같이 말한다.

주자가 "사단은 바로 이치의 발현이고, 칠정은 바로 기운의 발현이다"라고 한 것은 대설이 아니고 인설입니다. 대설은 곧 왼쪽·오른쪽을 말할 때처럼 대대하는 것이고, 인설은 위아래를 말할 때처럼 인잉因仍하는 것입니다. 성현의 말에는 실로 대설과 인설의 다름이 있으니, 살피지 않을 수 없습니다.159

일반적으로 대설 혹은 횡설橫說은 동시간적·공간적 대대 관계에 놓여 있는 것을 상대적으로 설명하는 것을 말하고, 인설 혹은 수설竪說은 원리상·발생상·논리상 먼저인 것을 근거 관계를 통해 수직적으로 설명하는 것을 말한다. 율곡은 이에 대해 다음과 같이 말한 바 있다.

성현들의 말은 어떤 때에는 가로〔횡橫〕로 논의하기도 하고 세로〔수竪〕로 논의하기도 하는데, 각기 지시하는 것이 있습니다.160 그러므로 세로로 논의한 것을 가로에 맞추려 하거나 가로로 논의한 것을 세로에 부합시키려 한다면 그 취지를 잃을 수도 있습니다. 마음은 하나인데 '도심'이라고도 하고 '인심'이라고도 하는 것은 '성명性命'과 '형기形氣'가 구별되기 때문입니다. 감정은 하나인데 사단이라고도 하고 칠정이라고도 하는 것은 오로지 이치만을 말한 것과 기운을 겸해 말한 것이 다르기 때문입니다.

율곡에 따르면 인심·도심은 현실적인 하나의 마음이 무엇을 지향하는가에 따라 명의를 붙인 상대적인 대설이지만, 사단·칠정은 근거 관계를 논의하는 인설이다. 앞서 고봉은 주자가 사단을 이치의 발현으로, 칠정을 기운의 발현으로 말한 것은 발현의 근거에 의한 설명, 즉 인설이라고 했다. 그렇다면 여기서 우리가 지적할 수 있는 것은 주자의 설명이 근거 관계에 의한 인설이듯, 퇴계의 설명 또한 그러하다는 것이다.

고봉, 율곡 그리고 다산처럼 '현실에서 이치와 기운이 떨어질 수 없다'는 입장에서 사단·칠정을 이치와 기운의 대대 관계를 통해 설명하는 것은 대설이다. 그리고 대설의 입장에서 보면 유형·유위해 발동하는 것은 오직 기운밖에 없으며, 따라서 이치는 기운을 타서 실현된다는 하나의 길밖에 없다고 할 수 있다. 그러나 형이상과 형이하의 분계에 착안해 존재의 근거와 기원을 묻는 인설의 차원에서 사단의 유래를 찾는다면, 그것은 바로 본성 혹은 천리라고 할 수밖에 없을 것이다. 비근한 예로 '배가 물 위로 가는 이치를 지니고 물 위에서 가고 있다'고 해보자. 물론 유형·유위해 발동하는 질료로서의 기운이 배가 물 위로 가게 한다고 할 수 있다. 그런데 현실에서 배가 물 위에서 가는 것은 '배는 물 위로 간다'는 이치의 '발현'이라고 말할 수 있다. 현실에 존재하는 '정삼각형'을 두고도, '이 삼각형은 세 변의 길이가 같다는 이치가 발현되어 있다'라고 말할 수 있다. 이렇게 우리는 얼마든지 '발發' 자의 의미를 근거 관계에 의해 '원리의 실현'이라고 말할 수 있다.

퇴계가 사단의 근거로서 천리天理, 즉 이치를 지목해 말한 까닭이 무엇인지 다시 한번 살펴보자. 그는 왜 사단은 이치의 발현이라는 주장을 끝까지 포기하지 않았을까? 그 이유는 인간됨의 근거를 확보하기 위해서였다. 퇴계는 사단의 근거로서 사덕四德 혹은 이치가 확보되지 않는다면, 인간이 금수로 전락할 위험이 있다고 생각했다. 다음의 문답은 이를 잘 말해준다.

(이굉중이 물었다.) 이치는 본래 형체가 없습니다. 그런데 만약 기운이 없다면 어떻게 홀로 발현할 수 있습니까?

(퇴계가 대답했다.) 천하에는 이치가 없는 기운이 없고, 기운이 없는 이치도 없다. 사단은 이치가 발현함에 기운이 따르는 것이고, 칠정은 기운이 발현함에 이치가 타는 것이다. 이치는 기운의 따라옴이 없으면 발출할

수 없고, 기운은 이치의 올라탐이 없으면 이욕利欲에 빠져 금수禽獸가 된다. 이것은 바뀔 수 없는 정리이다.161

퇴계는 고봉의 이치·기운이 서로 떨어질 수 없다〔理氣不相離〕는 원칙〔渾淪〕을 수용하면서도, 끝까지 "이치와 기운은 서로 섞일 수 없기 때문에 떨어지지 않아도 이치는 스스로 이치이고〔理自理〕, 기운은 스스로 기운〔氣自氣〕"이라는 원칙〔分開〕을 포기하지 않았고 또한 사단의 근거로 사덕을 끝까지 포기하지 않았는데, 그 이유는 이 문답에서 드러나듯 '인간됨의 근거 확보'에 있었다. 사단칠정론을 통해 퇴계는 인간됨의 근거를 확보하고, 진정한 인간 본성(이치)에서 자발적으로 드러나는 자연스러운 마음이 있음을 주목하고 이 마음을 확충해 인간 본래의 덕을 가장 온전히 실현하는 것이 바로 인간의 자기완성인 성인이 되는 길임을 밝혔다. 이러한 점에서 '인간의 본성은 없다〔無性論〕'고 단정하는 물리주의 혹은 자연주의적 유물론이 횡행하는 이 시대에 퇴계의 주장이 여전히 유효하다고 할 수 있다.

덕德이란 "사람들로 하여금 본성의 잠재된 가능성을 최대한으로 성취하게 하는 탁월성이다".162 따라서 덕은 우리가 상대방에 대해 기본적으로 지켜야 할 의무일 뿐만 아니라 인간 존재의 완성을 향해 부단히 노력할 것을 요청한다. 퇴계가 사단의 발현 근거로 사덕을 지목한 것은 바로 인간의 자기완성의 근거를 정립하는 동시에 도덕의 동기를 제시한 것이었다. 우리에게는 천리로서 제시된 도덕적 동기인 사덕이 있기 때문에 이를 잘 발현시키면 감정을 조절해 올바른 도덕적 행위를 할 수 있다는 것이 퇴계의 주장이다. 퇴계는 '사단이란 이치가 발현함에 기운이 따른다'고 주장함으로써, 우리가 지니고 태어난 덕이 현실적 감정을 조절하고 인도하는 '시정是正적 기능'을 수행해 도덕적인 자기완성의 길을 갈 수 있다는 이론의 표준을 제시했다고 할 수 있다. "인간의 목적은 행복이다"라고 선언한 아리스토텔레스의 다음과 같은 행복론과 관련해 퇴계의 덕 윤리를 살펴보자.

인간 행위의 목적은 행복이며, 행복은 목적이기 때문에 그 자체로서 추구되는 것이며, 다른 것들은 행복이라는 목적의 수단이 되고, 따라서 이러한 목적은 최고선이다…행복이 최고선이라는 주장은 아마 일반적으로 동의할 것이다. 그렇다면 행복이 무엇인지 보다 분명하게 규명하는 작업이 필요하다…인간이 해야 할 것은 이성에 따른 영혼의 활동이라고 할 수 있다…행복(인간적인 선)은 완전한 덕에 따르는 일종의 영혼의 활동이므로, 우리는 덕arete에 관해 검토해야만 한다.163

요컨대 아리스토텔레스에 따르면 최고선으로서 인간의 궁극적인 목표는 행복이며, 행복은 '완전한 덕에 따르는 영혼의 활동'이기 때문에 영혼의 덕을 살피는 것이 행복의 문제를 해결하는 필요조건이다. 결국 그는 인간 영혼의 덕, 즉 이성을 가장 잘 실현한 상태가 인간의 목적인 행복을 가장 잘 구현한 상태라고 말한 셈이다.

이러한 아리스토텔레스의 입장을 퇴계의 주장에서도 볼수 있다. 퇴계는 인간의 감정 가운데 순수하게 선한 도덕 감정이 있다는 사실에 주목하고, 그 감정의 근원과 기원을 천착했다. 그는 도덕 감정의 근원을 인간 본성의 사덕이라고 하고, 이 도덕 감정은 인간의 몸을 형성하는 형기形氣가 아니라 선천적인 천리에서 나왔다고 정리했다. 그리고 천리에서 유래한 사덕이 순수하고 자발적으로 선한 사단의 감정으로 나타나며, 선한 감정을 통해 인간의 모든 감정을 올바로 조절해 도덕적인 행위를 할 때 실현되는 인간의 자기완성이 바로 행복이라고 말한다. 나아가 이러한 도덕적인 자기완성의 길이 타자에 대한 사랑〔愛人: 惻隱之心〕인 인仁에 근거를 둔다는 점에서, 퇴계의 덕 윤리는 인간이 서로 사랑하는 공동체적 존재임을 함축한다. 바로 이 점에서 퇴계의 덕 윤리가 현대 자유주의적 윤리설의 대안이 될 수 있다고 할 수 있다.

주지하듯이 현행 주도적인 자유주의에서는 더 이상 분할되지 않는 독립된 '개인individual'을 실체로 간주하고(개인 실체론), 사회는 계약에 의해 구성된 것에 지나지 않는다고 본다. 따라서 모든 가치는 실체로서 독립적이고 자율적인 개인으로부터 나오며, 궁극적으로 자기 자신만이 어떻게 행동할지를 판단하고 책임진다. 개인의 '자유'는 생명 및 재산과 함께 기본 삼권으로 간주된다. 따라서 인격이 권리로, 인간관계는 '권리의 거래'로 취급된다. 재산이 자유 및 생명과 더불어 삼위일체로 여겨지므로, 신성불가침의 사유재산을 보호하기 위해 정부가 설립된다. 따라서 사회와 국가란 개인들의 욕망 실현을 최대화·최적화하기 위한 하나의 방편이자 합의에 의해 구성한 '인조물'일 따름이다. 이러한 윤리관은 계약 관계에서 상호 합의해 덕목을 정당화하는 데만 관심을 기울이므로 그 결과 최소주의와 결과주의를 초래한다. 이 같은 경향은 도덕 체계의 완결성, 공평성, 공공적 정당화를 위해서는 불가피한 것이지만, 도덕 경험의 다양성 및 내면적 가치나 동기적인 측면은 간과되고 만다.164

그런데 퇴계가 말하는 인의예지의 사덕四德을 본성으로 지니고 태어난 인간은 원리적으로 고립되거나 절연絶緣된 주체가 아니라, 다른 사람과 공동체적·유적 삶을 함께 영위하면서 본성의 덕을 도덕적 의무로 실현해 자기완성을 추구하는 자아다. 이 자아는 우선 가까이로는 부부의 도에서 출발해 궁극적으로 우주의 만물과 일체를 이루면서 모든 만물의 본성을 함께 실현하는 것을 이상으로 한다. 그러한 이상은 묵자가 말한 것처럼 만물과 무차별적으로 일체가 되는 것은 아니고, 정명과 중용의 원리에 입각해 시공간적 상황에 알맞고 바르게(中正), 의무와 도리를 온전히 다하는 방식으로 구현된다.

　현실의 시공간적 상황에서 타자와 연계해 상호 계약적인 권리와 의무를 행사하는 것은 근대 이후의 자유주의와 상당한 대비를 이룬다. 개인 실체론(사회 명목론)을 배경으로 하는 자유주의에서는 완결된 원자적 개인이 인격적 주체로서 타인의 방해나 강제 없이(소극적 자유) 소유권을 거래하고 계약을 맺는다. 타자에 대한 의무도 계약에 의해 성립되며, 상대에게 위해를 가하면 법과 계약에 의해 제재를 받게 된다. 반면에 인간을 철저히 유적·공동체적 존재로 파악하는 퇴계의 도덕 주체는 ① 본성의 덕(인의예지)으로 자신을 정립하는 도덕 주체이며, ② 그 본성은 타자에 대한 사랑(仁 愛人也), 마땅히 해야 할 도리(義 宜也)에 대한 이해(智)를 토대로 조화로운 공동체를 형성하는 것을 소명으로 부여받고 태어난 존재라고 할 수 있다.

　요컨대 인간에게는 순수하게 선한 도덕 감정인 사단이 있으며, 이 사단은 인간에게 본성의 덕으로 주어진 천리의 자연스러운 발현이라는 퇴계의 주장은 다음과 같은 특징과 의의를 지닌다고 할 수 있다.

　첫째, 인간은 타고난 본성에 의해 금수와 구별되는 것이지, 현대 물리주의자나 자연주의자들이 주장하듯이 단순히 기능상(특히 지능에 의해) 변별되는 것이 아니다.

둘째, 인간은 실현해야 할 본성의 덕을 지니고 태어났으며, 이 본성의 덕이 인간의 도덕 행위의 동기를 제시한다. 따라서 인간은 부여된 본성의 이념을 구현하는 자각적 주체지, 기능과 성과에 의해 평가되는 타율적 대상이 아니다.

셋째, 인간은 본성상 타인을 측은히 여기고, 옳음이 무엇인지를 알아 시공간적 상황에 맞게 구현하는 공동체적-유적 존재지, 원리상 절연되어 고립된 원자적 존재가 아니다.

넷째, 인간의 도덕 감정과 그 행위는 그 내재적인 본성의 덕으로 말미암아 자각적·자율적으로 발현·실천되는 것이지, 외적·강제적·타율적으로 부가되는 것이 아니다.

기실 존재론적으로는 자연주의(물리주의), 학문적 경향으로서는 실증주의, 그리고 정치 경제적으로는 개인적 자유주의와 자본주의가 주도적인 입장이 된 오늘날, 윤리적으로는 서로에게 계약에 따른 최소의 의무만 부가하는 공리주의가 횡행한 지 오래다. 공리주의에서는 능력과 업적에 의해서만 평가받을 뿐, 인간다움에 대한 이념을 고민하는 사람은 없다. 퇴계의 도덕주의적인 인간 이해는 진정 금수와 구별되는 인간다운 인간의 이념이 무엇인지, 무엇이 인간다운 인간의 행위를 가능하게 하는지 숙고해야 한다고 요청하며 그 단서를 제공하고 있다.

사단四端

사단은 인간 본성에서 유래하는 순수하게 선한 도덕 감정으로, 이 말이 처음 제시된 《맹자》의 '유자입정孺子入井의 비유'를 보면 사단이 무엇을 말하는지 잘 드러난다.

사람은 모두 차마 못하는 마음이 있다. 선왕이 차마 못하는 마음이 있어 차마 못하는 정치를 펼쳤는데, 차마 못하는 마음으로 차마 못하는 정치를 펴면 천하를 다스리기가 손바닥 위에 놓고 운행하는 것처럼 쉽다. 모든 사람에게 차마 못하는 마음이 있다고 말하는 근거는, 갑자기 어린아이가 우물로 들어가려고 하는 것을 보면 모두 측은지심惻隱之心이 있어 깜짝 놀라니, 이는 어린아이의 부모와 친교를 맺고자 해서도 아니고, 향당과 벗들에게 칭찬을 듣기 위해서도 아니며, 잔인하다는 소리가 싫어서도 아니다. 그러한 점에서 측은지심이 없으면 사람이 아니며, 수오지심羞惡之心이 없으면 사람이 아니며, 사양지심辭讓之心이 없으면 사람이 아니며, 시비지심是非之心이 없으면 사람이 아니다. 측은지심은 인仁

의 단서며, 수오지심은 의義의 단서며, 사양지심은 예禮의 단서며, 시비지심은 지智의 단서다. 사람에게 사단四端이 있음은 사체四體를 지니고 있는 것과 같으니, 사단을 지니고 있으면서 스스로 (인의예지를) 행할 수 없다고 하는 자는 스스로를 해치는 자요, 임금이 인정仁政을 시행할 수 없다고 하는 자는 그 임금을 해치는 자다. 무릇 우리에게 있는 사단을 모두 넓혀 채울 줄 안다면 마치 불이 처음 타오르고 샘이 처음 나오는 것과 같을 것이니, 진실로 능히 채우면 족히 사해四海〔온 세상〕를 보호할 수 있고, 진실로 채우지 못한다면 부모도 족히 섬길 수 없다.165

이 논변은 맹자가 사람에게는 '측은해하는 마음' 혹은 '차마 못하는 마음'이라는 무조건적이고 자발적이며 순수하게 선한 감정이 있다는 것을 확인하고, 이를 단서로 우리 본성의 덕이 어질다는〔仁〕 것을 추론해 논증한 것이다. 나아가 맹자는 측은해하는 마음 이외에, 나의 잘못을 부끄러워하고 남의 잘못을 미워하는 마음〔羞惡之心〕, 웃어른에게 자발적으로 양보하고 겸손해하는 마음〔辭讓之心·謙讓之心〕, 옳음과 그름을 구별할 줄 아는 마음〔是非之心〕이 있음을 추가로 논변하고, 이는 우리가 사지四肢를 지니고 있는 것처럼 확실하다고 덧붙여 말한다.

그런데 맹자의 이 논변에서 주목할 것은 사단을 확충해 사덕四德을 실현하면 자연스럽게 최상의 성취를 이루지만, 그러지 못하면 최소한의 인간적인 도리도 이룰 수 없다는 주장이다. 즉, 맹자는 진정한 인간 본성(도덕적 에너지)에서 나오는 도덕적 동기는 묵자가 말하는 이익을 사소한 것으로 만드는 동시에 양주가 주장한 독거적인 자아를 해체한다고 보았다. 맹자가 말하는 인간 본성에서 유래한 사람들 사이의 상호적 동정심이 타오르면 묵자적인 계산을 불살라버리며, 그 넘치는 원천은 양주의 고유한 정원을 휩쓸어버린다.[166] 이러한 맹자의 논증에 기반을 둔 유교의 인성론적 윤리 이론은 현대 윤리의 위기 혹은 위기의 윤리를 극복할 중대한 단서를 제공한다고 할 수 있다. 유교는 인간의 선천적 고유 본성과 그 본성에서 자발적으로 드러나는 자연스러운 마음에 근거를 두고 윤리 규범을 정립했으며, 따라서 이 윤리 규범은 자발적으로 준수된다고 말했는데,[167] 맹자를 시초로 유교는 인간 마음에 인의예지의 사덕이 그 본성으로 내재되어 있음을 확인하고 정립했다. 유가에서는 사덕을 가장 온전히 실현하는 것이 바로 인간의 목적이자 자기완성이라고 보았으며, 이것은 곧 아리스토텔레스가 역설한 행복이라고 할 수 있다.

칠정七情

희喜·로怒·애哀·구懼·애愛·오惡·욕欲으로 표현되는 인간 감정의 총화다. 학습을 통하지 않고도 발현되며 절도節度에 맞느냐에 따라 선할 수도, 악할 수도 있다. 그 출전으로는 《중용》과 《예기》〈예운〉을 들 수 있다. 《중용》에는 다음과 같이 기록되어 있다.

희·로·애·락이 아직 발현하지 않은 것을 중中이라 하고, 발현해 모두
절도에 맞는 것을 화和라 한다. 중이란 천하의 큰 근본이고, 화란 천하에
두루 미치는 도이다. 중·화를 이루면 천지가 제자리에 있게 되고 만물
이 육성된다.[168]

이에 대한 주자의 해석은 다음과 같다.

희·로·애·락은 감정이고, 그것이 아직 발현하지 않은 것은 본성인데,
치우치거나 기운 것이 없기 때문에 중이라 한다. 발현해 모두 절도에 맞
는 것은 감정의 올바름이며, 어그러진 것이 없기 때문에 화라 한다. 큰
근본이란 천명의 성으로, 천하의 이치가 모두 이것으로 말미암아 나오
므로 도의 본체고, 통달한 도는 본성에 따르는 것을 말하는데, 천하 고금
이 공통적으로 말미암은 것이니 도의 작용이다. 이는 본성과 감정의 덕
을 말하며, 도를 떠날 수 없다는 뜻을 밝힌 것이다.[169]

주자는 본성과 감정에 대해 본체-작용의 입장에서 희·
로·애·락의 감정이 아직 발현하지 않은 것[未發: 性]과 이미
발현한 것[已發: 情]을 해석했다. 즉, 희·로·애·락이 아직 발
하지 않은 본체로서의 본성은 치우치고 기울지 않았기 때문
에 중이라 하고, 그 본성이 발현되어 감정이 되는데 그 감정

이 모두 절도에 맞는 것을 화라고 한다는 것이다. 그리고《예기》〈예운〉에서는 다음과 같이 말한다.

> 무엇을 일러 사람의 감정이라 하는가? 희·로·애·구·애·오·욕으로, 이 일곱 가지는 배우지 않아도 능히 할 수 있는 것이다. 무엇을 일러 사람의 의로움이라 하는가? 어버이는 자애롭고, 자식은 효도하며, 형은 아량이 넓고, 아우는 공경하며, 남편은 의롭고, 아내는 경청하며, 어른은 은혜롭고, 어린이는 순종하며, 임금은 인자하고, 신하는 충성스러운 것, 이 열 가지를 사람의 의로움이라고 한다. 신의를 강습하고 화목을 닦는 것을 사람의 이로움이라고 하고, 다투어 빼앗고 서로 죽이는 것을 사람의 환난이라고 한다. 그러므로 성인이 사람의 일곱 감정을 다스리고, 열 가지 의로움을 닦으며, 신의를 강습하고, 화목을 닦고, 사양하는 것을 숭상하며, 다투어 빼앗는 것을 제거하는 방법으로 예禮를 버리고 무엇으로 다스릴 수 있겠는가?170

《예기》〈예운〉에서는 희·로·애·구·애·오·욕이라는 일곱 감정은 선천적인 것으로 배우지 않고도 할 수 있는 것[弗學而能]이라고 말한다. 그러나 이 일곱 감정은 어떻게 발현되느냐에 따라 달라진다. 신의를 강습하고 화목을 닦으면 사람의 이로움이 되기도 하고, 다투어 빼앗고 서로 죽이면 사람의 환난이 되기도 한다. 따라서 사람의 선천적인 일곱 감정을 잘 조절[治]하면서 열 가지 의로움을 잘 닦아야 하는데,

그것은 바로 예禮를 통해 이루어져야 한다.

이치〔理〕

소리와 색깔, 냄새 등이 없는〔無形無爲〕 형이상자로서 만물의 존재 근거〔所以然之故〕이자 사람들이 마땅히 따라야 하는 준칙〔所當然之則〕이다.

성리학에서는 "인간의 본성은 곧 하늘의 이치〔性卽理〕"라고 주장한다. 그렇다면 인간 본성을 알기 위해서는 이치란 무엇인지를 명확히 아는 것이 중요하다. 선진 시대에 이치 개념은 ① 고대 유가에서는 주로 동사로 '다스리다〔治〕' 혹은 '분리分理하다'로, 《맹자》에서는 조리條理라는 뜻으로 사용되었지만 이론 형성에 주도적인 개념은 아니었다.[171] ② 《역경》과 《예기》에는 나타나지만 저자와 연대를 확인할 수 없다. ③ 적극적인 제안자는 오히려 사회적 행위의 규범 기준을 탐색하던 공리주의자 묵자였으며, ④ 완성자는 한비자韓非子로 보편리와 특수리를 명확히 구분하여 규정했다. 한당 시대에는 ① 노자와 장자를 주석했던 왕필王弼과 곽상郭象이 도를 이치로 치환해 설명하면서 각각 보편리와 추상리를 내세워 이치 개념의 결정적인 계기를 마련했다. ② 이 시대 이치 개념의 정점은 불교에서 발견되는데, 특히 지둔支遁(314～366)·도생道生(360～434)·법장法藏(643～712)이 '이일분수理一分殊'적인 성격을 분명히 제시했다. ③ 유가의 공적은 극히 미미하다. 한대에 본성이라는 개념에 가장 관심을 두었던 이고李翔(772~844)마저도 단지 두 번 언급하고 있다.[172]

그런데 송대에 이르러 이정二程 형제가 "우리의 학문은 비록 전수받은 바가 있으나, '천리天理'라는 두 글자는 우리가 체득한 것이다"[173]라고 말하며 이치 개념을 주도했다. 이들은 우선 이치라는 말을 '사물로 하여금 바로 그 사물이게 하는 근거(所以然之故)'라는 의미로 제안했다. 그리고 《역경》 〈계사상전〉의 형이상과 형이하의 구분에 착안해, 형상을 지닌 형이하자인 음양과 다른 차원에서 음양이 한번 음하고 한번 양하게 하는 근거(所以一陰一陽者)를 이치라고 했다. 그리고 주자는 이정 형제를 계승해 이치라는 개념을 완성했다.

> '이치(理)'라는 한 글자는 있다·없다라는 말로써 논할 수 없다. 아직 천지가 있기 전에 이미 이와 같았다.[174]
> 이치는 느낌·헤아림·움직임이 없다…이치는 하나의 깨끗하고 텅 비고 넓은 세계일 뿐, 형체나 흔적이 없고 능동적으로 움직이지 않는다.[175]

이치가 형이상자라는 관점에서 보면, "이른바 이치와 기운은 분명 두 가지의 서로 다른 것(決是二物)이다. 사물의 관점에서 보면 이 둘은 나누어지지 않은 채 어느 한곳에 있지만, 각각 하나의 무언가가 되는 것을 방해하지 않는다. 이치의 관점에서 보면 아직 사물이 있지 않아도 그 사물의 이치는 있다. 그러나 이치만 있을 뿐 실제로 그 사물이 존재한 적은 없다".176 이렇게 이치와 기운은 개념적으로는 서로 다른 두 가지의 것이지만, 실제로는 서로 떨어져 존재할 수 없는 하나의 것이라고 할 수 있다. 나아가 만물의 존재 근거(所以然之故)로서 이치는 결국 인간에게 있어서 마땅히 따라야 하는 준칙(所當然之則)으로 정립된다.

이치의 마땅함은 뭇사람들이 일상에서 지켜야 할 떳떳한 도리다. 성인은 예악형정禮樂刑政을 창안해 뭇사람들로 하여금 지키도록 했다. 그러한 까닭은 천명의 본성에 근원한다.177

이치를 궁구함은 사물의 그러한 까닭과 그렇게 해야 할 준칙을 알려고 하는 것일 뿐이다. 그러한 까닭을 앎으로써 의지가 미혹되지 않고, 그렇게 해야 하는 준칙을 앎으로써 행실이 잘못되지 않는다.178

기운(氣)

소리, 색깔, 냄새 등이 있는(有形有爲) 형이하자로서 만물의 재료(질료인)면서 스스로 움직이는 운동인이다. 만물이 다양한 까닭은 기운이 제한적으로 이치를 드러내기 때문이다.

동양 사상에서 '기운(氣)'이란 용어는 예로부터 내포와 외연이 무척 다양하게 나타났는데, 대체로 우주론의 형성과 깊은 연관이 있었다. 이때 기운은 우주 만물의 기본 구성 요소로서 질료적인 것으로 이해되었다.

먼저 갑골문에서 '기氣' 자는 '彡'로 수평 이동을 의미하는 동사였다. 나중에 '彡'는 '气'로 변해 수평 이동과 수직 이동을 함께 의미하게 되었는데, 바람의 정령과 흙의 정령이 오늘날 기운 개념의 원형이었다고 할 수 있다.[179] 《설문해자說文解字》〈기자부氣字部〉에는 "'气'는 '云气'"이며 "'云'은 구름이 회전하는 모양을 본뜬 것이다"라고 되어 있다. 이는 기운이란 말이 구름에 대한 관찰에서 생겨났음을 설명해준다. 그런데 '뜬구름'에서 '바람'으로 개념이 가리키는 대상이 옮겨가면서 기운의 의미가 확대됐다. 바람이 나무에 불어오면 단지 나무가 움직이는 것만 보일 뿐 바람은 보이지 않는다. 이 바람이 곧 기운이라고 해석되면서, 사람들은 원인이 무엇인지는 알 수 없지만 명확하게 변화하는 현상들을 가리켜 기운이 작용한 결과라고 인식하게 되었다. 예컨대 사계절의 변화, 추위와 더위의 변화를 모두 천기天氣의 운동이라고 했고, 동식물이 날로 성장하는 것 또한 기운의 작용이라고 했다. 이후 기운 개념은 점차 추상화되어 '형체는 알 수 없지만 양을 잴 수 있는 어떤 것'을 가리키는 개념으로 광범위하게 응용됐다.

전국시대에 기운의 개념을 정립하는 데 결정적인 역할을 한 맹자는 유명한 호연지기浩然之氣를 설명하면서 외적 자연물로 인식되던 기운 개념을 인간 주체에 대한 탐색으로 전환시켰다. 그는 기운을 사람을 구성하는 질료로 파악하면서,

도의道義와 한 쌍이라고 주장했다. 다시 말해 마음과 기운이 상호 보완해서 〔사람이〕 완성된다고 주장한 것이다.[180] 바로 이 주장이 후대, 특히 송대 성리학에 심대한 영향을 끼친 맹자의 공로라 할 수 있다. 한편, 도가의 장자莊子 또한 음양의 기운이 가장 본질적이고 근원적이며 천지 만물과 인류를 구성하는 질료라고 주장했다. 그는 음양의 두 기운이 모여서 응집하면 어떤 생명체를 이루고, 흩어지면 우주로 되돌아간다는 형기적 생사관을 제시했다.

중국 철학의 전성기인 송대에 기운 개념을 정립하고 체계화한 중심인물은 장재와 주자다. 이들에 따르면 모든 자연물과 자연 현상은 기운에 의해 구성되며, 인간 또한 예외는 아니다. 심지어 주자에 따르면, 인간의 몸과 마음까지도 기운에 의해 구성되고, 인간의 구성체인 사회와 역사 현상 또한 기운의 작용에 의해 이루어진다. 기운은 끊임없이 유동하면서 전변轉變해 다양한 차별상을 만들어내는 질료인이자 운동인이다. 그런데 기운은 이치를 드러나도록 하는 매개자이면서 동시에 이치를 은폐한다. 바로 이러한 모순에서 서로 다른 만물이 발생한다.

이치는 감정도 의지도 없고, 어떤 계획이나 헤아림도 없으며, 조작도 없다. 단지 기운이 엉기어 모인 그 속에 이치가 있다. 천지간에 생겨난 사람, 사물, 나무, 풀, 날짐승, 들짐승 중에 종種이 있지 않은 것이 없고, 반드시 종이 있다. 천지는 하나의 사물을 나타나게 하는데, 이것이 모두 기운이다. 본래 이치와 기운은 하나의 깨끗하고 텅 비어 넓은 세계일 뿐, 형적이 없으며 조작 또한 없다. 그러나 기운이 차츰차츰 엉기어 모이면 만물을 생기게 할 수 있다.[181]

천지간의 만물이 서로 다른 이유는 바로 기운에 다양한 형상(맑음과 탁함淸濁, 후함과 엷음厚薄, 바름과 치우침正偏, 밝음과 어두움明暗, 정밀함과 조야함精粗, 통함과 막힘通塞 등)이 있기 때문이다. 즉, 이치의 관점에서 보면[理上看] 천지간에 존재하는 만물은 모두 하나의 이치[一理]를 갖추고 있다는 점에서 한 치의 차이도 없다. 그러나 기운의 관점에서 보면 음양의 두 기운과 목·화·토·금·수의 오행이 서로 섞여 온갖 변화를 일으키는 사이 한결같지 못해지고[參差不齊] 정밀함과 조야함의 차이가 생긴다. 이러한 정밀함과 조야함의 차이에 의해 바름과 치우침, 통함과 막힘이 생기게 되어, 바르고 통한 기운을 지닌 것은 인간이 되고 치우치고 막힌 기운을 받으면 인간 이외의 존재자가 된다는 것이다.

1 《선조수정실록宣祖修正實錄》4권, 〈숭정대부 판중추부사 이황의 졸기〉, 선조 3년 12월 1일.

2 퇴계의 생애에 대한 더 상세한 기록으로 다음을 참고하라. 이상은, 〈퇴계의 생애와 그 인간〉, 《퇴계 이황—한국의 사상가 10인》(예문서원, 2002).

3 《퇴계전서退溪全書》6권, 〈언행록言行錄〉에 "유사遺事"라는 제목으로 율곡이 찬撰했다고 기록되어 있다. 퇴계의 생애와 성품에 대해 많은 것을 알게 해주는 글이라고 생각되어 싣는다.

4 이기李芑(1476~1552). 본관은 덕수德水, 자는 문중文仲, 호는 경재敬齋로, 1501년(연산군 7) 식년문과에 병과로 급제, 1545년(명종 원년) 우의정에 올라 병조판서를 겸했다. 을사사화 때 소윤小尹 윤원형尹元衡과 손잡고 대윤大尹 윤임尹任의 세력을 꺾은 보익공신 1등으로 풍성부원군에 봉해지고 좌의정이 되어 기로소에 들어갔다. 죽은 뒤 시호 문경文敬이 내려졌으나 선조 초에 훈작이 추삭되고 묘비도 제거되었다.

5 오전삼분五典三墳의 준말. 이는 삼황오제三皇五帝의 글을 말하는 것으로, 전典은 소호少昊 · 전욱顓頊 · 제곡帝嚳 · 제요帝堯 · 제순帝舜의 5

전五典을 말하고, 분墳은 복희伏羲·신농神農·황제黃帝의 3분三墳을 말한다.

6   선조宣祖(1552~1608)를 말한다. 재위 기간은 1567~1608년이다.

7   서경덕徐敬德(1489~1546)은 조선 중기의 학자로 개성에서 태어났다. 본관은 당성唐城, 자는 가구可久, 호는 복재復齋와 화담花潭이다. 이치(理)보다 기운(氣)을 중시하는 독자적인 기일원론氣一元論을 완성해 주기론主氣論의 선구자가 되었다.

8   정암靜庵 조광조趙光祖(1482~1519). 학자이자 정치가다. 본관은 한양漢陽, 자는 효직孝直, 호는 정암이다. 중종 때 도학정치道學政治를 주창하며 급진적인 개혁 정책을 시행했으나, 훈구勳舊 세력의 반발을 사서 결국 죽음을 당했다.

9   《천명도설天命圖說》이란 정지운鄭之雲이 천명天命과 인성人性의 관계를 도식화하고 해설을 붙인 성리학서다. 1537년(중종 32) 정지운이 《성리대전性理大全》에 있는 주희朱熹의 인물지성人物之性에 대한 설을 취하고, 그 밖의 여러 설을 참고해 도안을 그리고 거기에 문답을 더해 "천명도설"이라 이름을 붙였다. 그 뒤 1553년(명종 8) 퇴계에게 이 도설의 증정證正을 청해 주돈이의 《태극도설太極圖說》과 소옹邵雍의 《선천도先天圖》등의 도설들을 절충한 고증을 받아 이듬해에 '신도新圖'를 완성했다. 그래서 퇴계가 수정하기 이전을 '천명구도天命舊圖'라 하고, 수정한 것을 '천명신도天命新圖'라 한다. 내용은 제1절 논천명지리論天命之理, 제2절 논오행지기論五行之氣, 제3절 논이기지분論理氣之分, 제4절 논생물지원論生物之原, 제5절 논인물지수論人物之殊, 제6절 논인심지구論人心之具, 제7절 논성정지목論性情之目, 제8절 논의기선악論意幾善惡, 제9절 논기질지품論氣質之品, 제10절 논존성지요論存省之要로 구성되어 있다. 대개 주자의 설을 중심으로 하여, 태극의 본도本圖를 근거로 《중용中庸》의 대지大旨를 기

술한 것이다. 그림은 천원天圓·지방地方의 현상을 본떠 위로 천명권天命圈을 설정하고 아래로는 인체의 각 부위를 본떠 그렸다.《천명도설》은 퇴계와 고봉 간의 사단칠정론의 발단이 되었다. 천명과 인성의 관계를 체계화하는 데 사단·칠정의 '발發'을 새롭게 문제로 제기하고 있다는 특징이 있다. 또한, 선악의 결정은 스스로의 의식에 의해 좌우된다고 보고, 이를 따르려는 노력으로 정성(誠)과 공경(敬)을 강조해, 한국 인성론사人性論史에서 선구적 의의가 있다.

10 《퇴계전서》41권, 〈잡저雜著〉에 나오는 내용이다. 퇴계가 53세에 정지운이 지은 〈천명도〉와《천명도설》을 정정하게 된 경위, 〈천명도〉의 내용 및 작성 의도를 기술한 글이다. 사단칠정론의 배경이 되는 중요한 글이기에 가장 먼저 제시한다.

11 추만秋巒 정지운鄭之雲(1509~1561). 본관은 경주慶州, 자는 정이靜而, 호는 추만이다. 경기도 고양에서 태어나 김안국金安國과 김정국金正國의 문하에서 성리학을 배웠다.《천명도설》을 지어 조화造化의 이치를 규명한 뒤, 이황을 만나 1553년 수정을 받았으며, 이것이 뒷날 사단칠정론의 발단이 되었다.

12 모재慕齋 김안국金安國(1478~1543). 본관은 의성義城, 자는 국경國卿, 호는 모재, 시호는 문경文敬이다. 1507년 문과 중시에 병과로 급제, 지평·장령·예조참의·대사간·공조판서 등을 지냈다. 1517년 경상도관찰사로 파견되어 각 향교에《소학小學》을 권했고,《농서언해農書諺解》·《잠서언해蠶書諺解》·《이륜행실도언해二倫行實圖諺解》·《여씨향약언해呂氏鄕約諺解》·《정속언해正俗諺解》 등의 언해서와《벽온방辟瘟方》·《창진방瘡疹方》 등의 의서를 간행해 널리 보급했으며, 향약을 시행하도록 해 교화에 힘썼다.

13 사재思齋 김정국金正國(1485~1541). 본관은 의성義城, 자는 국필國弼, 호는 사재와 은휴恩休, 시호는 문목文穆이고, 모재의 동생이다.

김굉필金宏弼의 문인門人으로 성리학과 역사·의학 등에 밝았다. 그의 문인으로는 정지운 등이 있다. 좌찬성에 추증되었으며 장단의 임강서원臨江書院, 용강의 오산서원鰲山書院, 고양의 문봉서원文峰書院 등에 제향되었다. 저서로는 시문집인《사재집思齋集》을 비롯해《성리대전절요性理大全節要》등이 있다.

14 주희朱熹(1130~1200). 자는 원회元晦와 중회仲晦, 호는 회암晦庵·회옹晦翁·고정考亭·자양紫陽·둔옹遯翁 등이다. '주자朱子'는 그를 높여 부르는 존칭이다. 중국 송나라 무원(지금의 강서성 무원현) 사람으로 건양(지금의 복건성 건양현)에서 살았다. 1148년에 진사에 급제해 동안주부·비서랑·지남강군·강서제형·보문각대제·시강 등을 역임했다. 스승 이동李侗에게서 이정二程의 신유학을 전수받고, 북송 유학자들의 철학 사상을 집대성해 신유학의 체계를 정립했다.《정씨유서程氏遺書》·《정씨외서程氏外書》·《이락연원록伊洛淵源錄》·《고금가제례古今家祭禮》·《근사록近思錄》등을 편찬했으며,《사서집주四書集注》·《서명해西銘解》·《태극도설해太極圖說解》·《통서해通書解》·《사서혹문四書或問》·《시집전詩集傳》·《주역본의周易本義》·《역학계몽易學啓蒙》·《효경간오孝經刊誤》·《소학서小學書》·《초사집주楚辭集注》·《자치통감강목資治通鑑綱目》·《팔조명신언행록八朝名臣言行錄》등을 지었다. 이외에 막내아들 주재朱在가 편찬한《주문대전朱文大全》과 여정덕黎靖德이 편찬한《주자어류朱子語類》가 있다.

15 《태극도설太極圖說》은 북송 오자五子의 첫 번째 인물인 주돈이가 태극, 음양, 오행의 원리를 통해 우주 만물의 발생을 도안으로 제시하고, 그것을 글로 설명한 것이다. 주돈이의《태극도설》은 후대의 학자들로부터《주역周易》의〈계사전繫辭傳〉과 함께 '도리道理의 대두뇌처' 또는 '이학理學의 본원'이라는 평가를 받았다. 그래서 퇴계는〈성학십도聖學十圖〉를《태극도설》로 시작했는데, 210쪽 위의 도안

과 글이 그것이다.

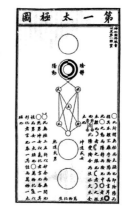

16 이항李恒(1499～1576). 조선 중기의
문신이자 학자다. 본관은 성주星州, 자
는 항지恒之, 호는 일재一齋. 아버지
는 의영고주부인 이자영李自英이며,
어머니는 전주 최씨로 소경전참봉 최
인우崔仁遇의 딸이다. 박영朴英의 문하
에서 수학했다. 저서로는《일재집一齋
集》이 있다.

17 주돈이周敦頤(1017～1073). 자는 무숙
茂叔, 호는 염계濂溪. 원래 이름은 돈실敦實이었는데, 북송 5대 황제
인 영종英宗(재위 1063～1067)의 옛 이름(조종실趙宗實)을 피해 돈
이敦頤로 고쳤다. 송대 도주영도(지금의 호남성 도현) 사람으로 송
대의 신유학 개조다. 분녕주부·지남창·지침주·지남강군 등을 역
임했다. 이정二程의 스승으로 주희의 형이상학 체계에 큰 영향을 끼
쳤다. 저서로는《태극도설》·《통서通書》·《애련설愛蓮說》등이 있다.

18 부침浮沈·지삭遲數·활삽滑澁·허실虛實·대소大小 등과 같이 형상·
성질이 상대적인 두 가지의 맥상脈象
을 병렬해 대비시키는 방법을 말한다.

19 〈하도河圖〉란 옛날 중국 복희씨伏羲氏
때에 황하黃河에서 용마龍馬가 지고 나
왔다는 쉰다섯 점으로 된 그림이다.
《주역》의 기본 이치가 되었다. 〈낙서洛
書〉란 중국 하夏나라 우왕禹王이 홍수
洪水를 다스렸을 때 낙수洛水에서 나온
신귀神龜의 등에 쓰여 있었다는 글이

다. 《서경》 홍범洪範은 〈낙서〉에 의해 만든 것이며, 팔괘八卦도 여기
에서 나왔다고 한다. 210쪽 아래 그림은 〈하도와 낙서 병도〉이다.

20 《중용》26장. "天之命 於穆不已 蓋曰天之所以爲天也 於乎不顯 文王
之德之純 蓋曰文王之 所以爲文也 純亦不已.' 朱子註. '詩周頌維天之
命篇 於歎辭 穆深遠也 不顯猶言豈不顯也 純純一不雜也 引此以明至
誠無息之意 程子曰 天道不已 文王純於天道亦不已 純則無二無雜 不
已則無間斷先後.'"

21 중국 고대 노魯나라의 학자. 공자의 손자이며, 4서의 하나인《중용》
의 저자로 전한다. 고향인 노나라에 살면서 증자曾子의 학을 배워
유학 전승에 힘썼다. 일상생활에서 과불급過不及이 없는 중용을 지
향했다.

22 《중용》23장. "其次 致曲 曲能有誠 誠則形 形則著 著則明 明則動 動
則變 變則化 唯天下至誠 爲能化.' 朱子註. '其次通大賢以下凡誠有未
至者而言也 致推致也 曲一偏也 形者積中而發外.'"

23 《맹자孟子》7상: 21(앞의 숫자는 편, 뒤의 숫자는 장을 말한다. 이하
같다). "君子所性 仁義禮智 根於心 其生色也 睟然見於面 盎於背 施
於四體 四體不言而喩."

24 《논어論語》12: 20. "子張問士何如 斯可謂之達矣 子曰 何哉 爾所謂達
者 子張對曰 在邦必聞 在家必聞 子曰 是聞也 非達也 夫達也者 質直
而好義 察言而觀色 慮以下人 在邦必達 在家必達 夫聞也者 色取仁而
行違 居之不疑 在邦必聞 在家必聞."

25 소옹邵雍(1011~1077). 자는 요부堯夫고, 호는 안락선생安樂先生. 소
문산蘇文山 백원百源에 은거해 백원선생百源先生이라고도 불렸다. 시
호는 강절康節이다. 송대 범양(지금의 하북성 탁현) 사람으로 만년
에는 낙양에 거주했는데, 이때 사마광司馬光 · 여공저呂公著 · 부필富
弼 등이 그를 존경해 함께 교류하면서 대저택을 증여했다. 이지재李

之才에게 도서선천상수학圖書先天象數學을 배웠다고 한다. 도가 사상의 영향을 받고 유가의 역철학易哲學을 발전시켜 독특한 수리철학數理哲學을 완성했다. 그의 역학은 주희에게 큰 영향을 주었다. 저서로는 《황극경세皇極經世》·《이천격양집伊川擊壤集》·《어초문답漁樵問答》 등이 있다.

26 정호程顥와 정이程頤 형제를 말한다. '이정二程'이라고도 부른다. 정호(1032~1085)는 자는 백순伯淳이고, 호는 명도明道다. 송대 낙양 사람으로 태자중윤·감찰어사리행 등을 역임했다. 천리체인天理體認과 식인識仁 등의 사상은 육구연陸九淵·왕양명王陽明 등의 심학心學 체계에 영향을 끼쳤다. 저서로는 《식인편識仁篇》·《정성서定性書》·《문집文集》 등이 있다. 《이정집二程集》에는 부분적으로 이정의 글이 뒤섞여 있는 곳이 있다. 정이(1033~1107)는 자는 정숙正叔이고, 호는 이천伊川이다. 15세 무렵에 형과 함께 주돈이에게 배운 적이 있으며, 18세에는 태학에서 유학하면서 〈안자호학론顏子好學論〉을 지어 호원胡瑗이 경이롭게 여겼다고 한다. 비서성교서랑·숭정전설서 등을 역임했고, 거의 30년간 강학에 힘을 쏟아 북송 신유학의 기반을 정초했다. 이정의 학문은 '낙학洛學'이라고 하며, 특히 정이의 학문은 주희에게 결정적으로 영향을 끼쳐 세칭 '정주학程朱學'이라고 하면 정이와 주희의 학문을 지칭한다. 저서는 《역전易傳》·《경설經說》·《문집文集》 등이 있다.

27 중국 명나라의 11대 황제 세종世宗(1521~1566 재위)의 연호다.

28 명종 8년. 1553년으로 퇴계는 이때 53세였다.

29 조정과 민간에서, 종묘 혹은 사직에서 제사 지내던 날로 동지의 셋째 미일未日이다.

30 퇴계의 호이다.

31 기미년己未年(1559, 퇴계 59세) 1월 5일에 쓴 서간이다.《퇴계전서》

제16권에 실려 있다. 또한《고봉집》제3집《양선생사칠이기왕복서
상편兩先生四七理氣往復書上篇》의 권1, 〈퇴계여고봉서退溪與高峯書〉에
도 나와 있다.

32 사암思菴 박순朴淳(1523~1589). 자는 화숙和叔이고, 호는 사암이
    며, 서경덕의 문인이다.

33 남송의 문신 왕십붕王十朋(1112~1171)을 말한다. 구령龜齡은 그의
    자이고, 호는 매계梅溪, 시호는 충문忠文이다.

34 《주자대전》권 37, 〈여왕귀령與王龜齡〉.

35 기미년(1559) 3월에 기대승이 퇴계에게 쓴 서간이다.

36 《중용》1장.

37 《맹자》2상: 6.

38 기미년(1559) 10월 24일에 쓴 서간이다.

39 이 구분은 고봉에 의한 것이다.《퇴계전서》에는 이 구분이 없고,
    《양선생사칠이기왕복서》에만 보인다.

40 이 책에서는 '성性'이란 일반적으로 본성을 의미하기 때문에 거의
    대부분 '본성本性'이라고 옮겼다. 그러나 이 서간에서는 성性을 본연
    지성本然之性(혹은 천명지성天命之性)과 기질지성氣質之性으로 나누
    어 말할 수 있다는 점에 착안해 논의를 진행하기 때문에, 혼동을 피
    하기 위해 단순히 '성性'이라고 번역했다.

41 물이 처음 솟아오르고, 뿌리가 최초로 뻗어 나오는 곳으로 아무것
    도 뒤섞이지 않은 순수 천연 그대로인 곳.

42 횡거橫渠 장재張載(1020~1077). 북송의 유학자다. 자는 자후子厚,
    호는 횡거로, 유가와 도가의 사상을 조화시켜 우주의 일원적 해석
    을 설파함으로써 이정·주자의 학설에 영향을 끼쳤다. 저서에《역설
    易說》,《서명西銘》,《동명東銘》등이 있다.

43 '從'은 '무엇으로부터 유래하다, 말미암다'라는 뜻으로, 이 말의 해

석이 퇴계에게 중요한 의미를 지닌다.

44 《맹자》2상: 6. "孟子曰 無惻隱之心 非人也 無羞惡之心 非人也 無辭
讓之心 非人也 無是非之心 非人也."

45 《맹자》6상: 6. "乃若其情 則可以爲善矣."

46 《대학大學》전7장. "所謂脩身在正其心者, 身有所忿懥, 則不得其正;
有所恐懼, 則不得其正; 有所好樂, 則不得其正; 有所憂患, 則不得其正.
心不在焉, 視而不見, 聽而不聞, 食而不知其味. 此謂脩身在正其心."

47 《주역》〈계사상전〉. "한번 음했다가 한번 양하는 것이 도다. 도를 계
승하는 것이 선이고, 선을 이루는 것이 성이다(一陰一陽之謂道. 繼之
者善也, 成之者性也)."

48 《논어》7: 2. "공자께서 말씀하시길, 본성은 서로 가깝지만 습관은
서로 멀다(子曰 性相近 習相遠也)."

49 《맹자》고자하: 24. "맹자께서 말씀하시길, 입이 맛을, 눈이 색깔을,
귀가 소리를, 코가 냄새에 대해서, 사지가 편안함을 추구하는 것은
성이지만, 명이 있기 때문에 군자는 이를 본성이라고 하지 않는다.
인이 주자에 있어서, 의가 군신에 있어서, 예가 빈주에 있어서, 지가
현자에 있어서, 성인이 천도에 있어서 명이지만, 성이 있기 때문에
군자는 이를 명이라고 하지 않는다(孟子曰 口之於味也 目之於色也 耳
之於聲也 鼻之於臭也 四肢於安佚也 性也 有命焉 君子不謂性也 仁之於父子
也 義之於君臣也 禮之於賓主也 智之於賢者也 聖人之於天道也 命也 有性焉
君子不謂命也)."

50 정암整菴 나흠순羅欽順(1465~1547). 명대의 유학자로 자는 윤승允
升, 호는 정암이다. 중국 강서성 길주 태화 사람으로 1493년 진사에
급제한 뒤 승진을 거듭해 이부상서에까지 이르렀다. 잠깐 선禪 사상
을 접했지만, 후에 그것이 옳지 않음을 깨닫고 주자학에 철저히 몰
두했다. 특히 이치와 기운이 서로 섞여 분리되지 않는다고 주장했다.

51 골륜鶻圇은 분명하지 않고 애매모호하다는 뜻이다. 탄조탄조呑棗는 대추를 씹지 않고 그냥 넘기는 것을 말한다. 대추를 씹지 않고 그냥 삼키면 전혀 맛을 알 수 없듯이, 학문을 강론하면서 조리를 분석하지 않고 두루뭉술하게 넘기면 정확한 뜻을 알 수 없다는 말이다.

52 이 서간은 《퇴계전서》에서는 보이지 않고, 《고봉집》 제3집 《양선생사칠이기왕복서》의 권1, 〈고봉답퇴계논사단칠정서〉에만 나와 있다. 앞의 퇴계의 논변에 대해 고봉이 답한 서간으로, 두 사람의 논변에서 가장 중요한 문헌으로 사료되어 여기서 번역해 부록한다.

53 《주자어류》권 5, 성리2, 〈성정심의등명의性情心意等名義〉.

54 《주자어류》권 5, 성리2, 〈성정심의등명의〉.

55 《주자어류》권 5, 성리2, 〈성정심의등명의〉.

56 《주자어류》권 5, 성리2, 〈성정심의등명의〉.

57 《주자어류》권 53, 맹자3, 〈공손추〉.

58 《주자대전》권 58, 서, 〈답진기지答陳器之〉. 진기지라는 인물은 본명이 진식陳埴이고 자는 기지器之, 호는 목종木鐘이며, 세칭 잠실선생潛室先生이라 불렸다. 송대 영가(지금의 절강성 온주) 사람으로 통직랑을 역임했다. 어려서는 섭적葉適에게 배우고 나중에는 주희에게 배웠다. 저서로는 《목종집木鐘集》·《우공변禹貢辨》·《홍범해洪範解》 등이 있다.

59 《주자어류》권 4, 성리1, 〈인물지성人物之性〉.

60 《중용》1장.

61 《중용장구》1장에 대한 주자주朱子註.

62 연평延平 이동李侗(1093~1163). 남송 남검주 검포(복건성 남평) 사람. 자는 원중願中이고, 호는 연평이며, 시호는 문정文靖이다. 나종언羅從彦에게 정자의 이학理學을 배워 이정의 삼전제자三傳弟子가 되었다. 평생 과거를 단념하고 40여 년 동안 산야에 은거한 채 열심

히 제자를 양성했다. 청빈했지만 유유자적했다. 세상에 관심이 없는 듯하면서도 상시우국傷時憂國하는 마음을 잃지 않았다. 양시楊時, 나종언과 함께 '남검삼선생南劍三先生'으로 불렸다. 그의 문하에서 주희와 나박문羅博文, 유가劉嘉 등이 배출됨으로써 이정의 학문이 주희에게 이어지는 교량적 역할을 했다. 저서에 주자가 편찬한 《이연평집李延平集》이 있다.

63 《이정문집二程文集》권 9, 이천문집, 〈안자소호하학론顔子所好何學論〉.

64 《주자대전》권 67, 잡저, 〈악기동정설樂記動靜說〉.

65 《중용장구》1장에 대한 주자주.

66 《예기禮記》〈악기樂記〉.

67 《주자대전》권 67, 잡저, 〈악기동정설〉.

68 《주자대전》권 67, 잡저, 〈원형이정설元亨利貞說〉.

69 《성리대전》권 34, 성리6, 〈이〉.

70 《맹자》6하: 13. "魯欲使樂正子 爲政 孟子曰 吾聞之 喜而不寐 公孫丑曰 樂正子 强乎 曰否 有知慮乎 曰否 多聞識乎 曰否 然則 奚爲喜而不寐 曰其爲人也 好善 好善 足乎 曰好 優於天下 而況魯國乎 夫苟好善 則四海之內 皆將輕千里而來 告之以善 夫苟不好善 則人將曰訑訑 予旣己知之矣 訑訑之聲音顏色 距人於千里之外 士止於千里之外 則讒諂面諛之人 至矣 與讒諂面諛之人居 國欲治 可得乎."

71 《서경》, 우서, 〈순전〉. "流共工于幽洲, 放驩兜于崇山, 竄三苗于三危, 殛鯀于羽山. 四罪而天下咸服."

72 《논어》11: 9. "顏淵死 子哭之慟 從者曰 子慟矣 曰有慟乎 非夫人之爲慟 而誰爲."

73 《논어》11: 12. "閔子侍側 誾誾如也 子路行行如也 冉有子貢侃侃如也 子樂 若由也 不得其死然."

74 《대학》전7장. "所謂脩身在正其心者, 身有所忿懥, 則不得其正; 有所

恐懼, 則不得其正 有所好樂, 則不得其正; 有所憂患, 則不得其正 心不在焉, 視而不見, 聽而不聞, 食而不知其味 此謂脩身在正其心."

75 존양存養이란 희로애락의 감정이 아직 발현하지 않았을 때 선한 마음을 보존하고 본성을 양성하는 것을 말한다. 성찰省察이란 희로애락의 감정이 이미 발현했을 때 그 단서를 살펴, 천리를 보전하고 인욕을 막는〔存天理遏人欲〕 수양 공부를 말한다.

76 《논어》7: 2."子曰 性相近也 習相遠也." 朱子註."此所謂性 兼氣質而言者也 氣質之性 固有美惡之不同矣 然 以其初而言 則皆不甚相遠也 但習於善則善 習於惡則惡 於是 始相遠耳 程子曰 此 言氣質之性 非言性之本也 若言其本 則性卽是理 理無不善 孟子之言性善 是也 何相近之有哉."

77 《맹자집주》7하: 24."孟子曰 口之於味也 目之於色也 耳之於聲也 鼻之於臭也 四肢於安佚也 性也 有命焉 君子不謂性也 仁之於父子也 義之於君臣也 禮之於賓主也 智之於賢者也 聖人之於天道也 命也 有性焉 君子不謂命也." 朱子註."程子曰 仁義禮智天道在人 則賦於命者 所稟 有厚薄淸濁 然而性善 可學而盡 故不謂之命 張子曰 晏嬰智矣 而不知仲尼 是非命邪 愚按 所稟者厚而淸 則其仁之於父子也 至 義之於君臣也 盡 禮之於賓主也 恭 智之於賢否也 哲 聖人之於天道也 無不脗合而純亦不已焉 薄而濁則反是 是皆所謂命也 或曰 者當作否 人衍字 更詳之 愚聞之師 曰此二條者 皆性之所有而命於天者也 然 世之人 以前五者爲性 雖有不得 而必欲求之 以後五者爲命 一有不至則不復致力 故孟子各就其重處言之 以伸此而抑彼也 張子所謂養則付命於天 道則責成於己 其言 約而盡矣."

78 《주자어류》권4, 성리1,〈인물지성기질지성人物之性氣質之性〉.

79 《이정유서二程遺書》권18, 이천선생어伊川先生語4,〈유원승수편劉元承手編〉.

80　《논어》9:16. "子在川上 逝者如斯夫 不舍晝夜."

81　《주자어류》권1, 이기상理氣上,〈태극천지상太極天地上〉.

82　남헌南軒 장식張栻(1133~1180). 자는 경부敬夫·흠부欽夫·낙재樂齋
　　이고, 호는 남헌이다. 송대 한주 금죽(지금의 사천성 광한현) 사람
　　이다. 주자보다 세 살 어리지만 여조겸呂祖謙과 더불어 친구로 지냈
　　으며, 후대에 이들 셋을 '동남삼현東南三賢'이라고 불렀다. 장식은 스
　　승 호굉胡宏으로부터 이어지는 호상학파胡湘學派를 정립했으며, 그
　　의 찰식단예察識端倪說은 주희가 중화구설中和舊說을 확립하는 데
　　중요한 역할을 했다. 저서는《남헌역설南軒易說》·《논어해論語解》·
　　《맹자설孟子說》·《이천수언伊川粹言》·《남헌집南軒集》등이 있다.

83　서산西山 채원정蔡元定(1135~1198). 자는 계통季通, 호는 서산이며
　　세칭 서산선생西山先生이라 불렸다. 송대 건양(지금의 복건성 건양)
　　사람으로 주희를 경모해 스승으로 받들었으나, 주희가 도리어 그를
　　제자 아닌 친구로 대우했다. 신유학뿐 아니라 천문·지리·악률樂
　　律·역수曆數·병진兵陣 등에 뛰어났다. 특히 상수학象數學에 조예가
　　깊어 주희의《역학계몽易學啓蒙》저술에 참여한 것으로 알려진다.
　　말년에 주희와 함께 경원당금慶元黨禁의 표적이 되어 귀양 가서 생
　　을 마쳤다. 저서로는《율려신서律呂新書》·《팔진도설八陣圖說》·《홍
　　범해洪範解》등이 있다.

84　《주자대전》권64, 서,〈여호남제공론중화제일서〉.

85　《주자대전》권64, 서,〈여호남제공론중화제일서〉.

86　호실胡實(1136~1173). 자는 광중廣仲이며, 호굉에게 학문을 배웠
　　다.

87　《주자대전》권42, 서,〈답호광중〉.

88　호대원胡大原(?~?). 자는 백봉伯逢이다. 호실의 아들이며, 주자朱子,
　　장식 등과 논변했다.

89　《주자대전》권 46, 서, 〈호백봉〉.

90　호병문胡炳文(1250~1333). 자는 중호仲虎다. 안휘성 무원 출신으로 주자학을 깊이 연구했다. 저서로는 《주역본의통석周易本義通釋》, 《사서통四書通》 등이 있다.

91　《성리대전》권 29, 성리1, 〈성명性命·성性〉.

92　이치가 비어 있다[虛]는 것은 이치에는 소리, 색깔, 냄새, 영향 등 사물적인 표상이 없다는 것을 말한다. 이렇게 이치는 사물적인 표상이 없기 때문에 상대적인 것이 아니라 절대적이라고 할 수 있고, 따라서 '상대가 없다[無對]'라고 말한다.

93　《주자어류》권 13, 학7, 〈역행力行〉.

94　《이정유서二程遺書》권 3, 이선생어二先生語3, 〈사현도기억평일어謝顯道記憶平日語〉.

95　성리학에서는 마음을 허령명각虛靈明覺하다고 규정한다. 여기서 허虛한 마음은 사물적인 표상을 초월함을 나타내며, 영靈하다는 것은 비록 마음이 사물적인 표상은 지니지 않지만 그래도 작용하는 무엇임을 나타낸다. 명각明覺(불매不昧)이란 마음이 밝게 깨어 있어 지각·주재적인 작용을 할 수 있음을 말한다.

96　진순陳淳(1159~1223). 자는 안경安卿이고, 호는 북계北溪다. 송대 용계(지금의 복건성 장주) 사람으로 주희가 장주 지사일 때 제자가 되어, 주희에게 '남쪽에 와서 나의 도가 진순 한 사람을 얻었다'라는 칭찬을 받았다. 시호는 문안文安이다. 저서로는 《자의상강字義詳講》·《논맹학용구의論孟學庸口義》·《북계대전집北溪大全集》 등이 있다.

97　노효손盧孝孫. 남송 때 학자로서 자는 신지新之이며, 옥계선생이라고 불렸다. 태학박사를 지냈고 퇴직 후 제자를 가르쳤다.

98　경신년(1560) 11월 5일자 서간이다.

99　퇴계는 여기서 앞의 편지를 전재하면서, 일부를 수정해 다시 보냈

다. 지면을 절약하기 위해 여기서는 수정된 부분만을 숫자를 부여해 제시한다.

100 공영달孔穎達(574~648)은 당대의 유학자다. 자는 중달仲達로 하북성에서 태어났다. 양제煬帝 때 명경과에 급제해 태학 조교가 되었고, 문학관 학사에서 국자박사·국자좨주를 거쳐 643년 동궁의 시강이 되었다. 그동안 칙명으로 유명한《오경정의五經正義》를 찬정하고《수서隋書》의 편찬에 참여했다. 여러 경에 정통했고, 한유漢儒의 설을 기초로 남북의 이설異說을 절충해 경서의 해석을 통일시켰다.

101 《주자대전》권 37, 서,〈답정태지答程泰之〉.

102 《이정문집》권 3, 명도문집3, 서,〈답횡거선생정성서答橫渠先生定性書〉.

103 보광輔廣(?~?). 자는 한경漢卿, 호는 잠암潛庵이다. 여조겸에게 배우다가 후에 주자의 제자가 되었다. 주자의 해석을 엄격히 지켜 경을 읽을 때도 주자의 견해를 근본으로 했다고 한다.《주자어류》중의 '사단시이지발四端是理之發'의 기록자로 알려져 있다. 여기서 퇴계는 이 구절을 옹호하지만, 후에 이이 등은 이 구절을 오기로 주장하며 오직 '기발설'만 인정해 논쟁이 야기되었다.

104 《논어》8: 5. "曾子曰 以能問於不能 以多問於寡 有若無 實若虛 犯而不校 昔者吾友 嘗從事於斯矣."

105 망양향약望洋向若의 탄식이란 자신의 좁은 소견으로는 엄청나게 높은 식견을 따라갈 수 없다는 말이다.《장자莊子》〈추수秋水〉편 가운데 강물 귀신 하백河伯이 북해北海에 이르러 그 무한한 경지를 접하고 바다 귀신 약若에게 자기 처지를 토로하는 말에서 유래했다.

106 《이정유서二程遺書》권 3, 이선생어3.

107 《이정수언二程粹言》권上,〈논도편論道篇〉.

108 《장자전서張子全書》권 2, 정몽正蒙1,〈태화편太和編〉제1.

109 《주자어류》 권75, 역11, 〈상계하〉.

110 《주자어류》 권64, 맹자10, 〈진심상〉.

111 《주자대전》 권36, 서, 〈답육자미答陸子美〉.

112 《주역》 〈계사상繫辭上〉. "形而上者謂之道 形而下者 謂之器."

113 《중용》 33장. "詩云 予懷明德 不大聲以色 子曰 聲色之於以化民 末也 詩云 德輶如毛 毛猶有倫 上天之載 無聲無臭 至矣."

114 《세설신어世說新語》 중하中下, 〈첩오捷悟〉에 나오는 고사故事와 관련된 표현이다. 후한後漢 말엽에 조조曹操가 양수楊修와 함께 길을 가다가 조아비曹娥碑에 "황견유부외손제구黃絹幼婦外孫虀臼"란 여덟 자의 은어隱語가 있는 것을 보았는데, 양수는 그 말의 뜻을 바로 깨달았으나 조조는 삼십 리를 더 가서야 깨달았다. 이에 조조가 감탄하여 "내 재주는 경에게 미치지 못하니, 삼십 리가 지나서야 깨달았다"고 말했다. '황견'은 색실[色絲]이니 '절絶'이고, '유부'는 소녀少女니 '묘妙'며, '외손'은 딸의 자식[女子]이니 '호好'고, '제'는 매운[辛] 부추, '구'는 받는 것[受]이니 '사辭'가 된다. 이것을 합치면 매우 뛰어난 시문을 가리키는 절묘호사絶妙好辭란 말이 된다.

115 이 서간은 퇴계가 고봉의 반론을 보고 수정한 〈개본〉과 다시 논한 재론을 받고, 고봉이 비평하여 보낸 글이다. 《퇴계전서》에서는 보이지 않지만, 《고봉집》 제3집 《양선생사칠이기왕복서하편兩先生四七理氣往復書下篇》의 권2, 〈고봉답퇴계재론사단칠정서高峯答退溪再論四端七情書〉에 실려 있다.

116 《주역》 몽괘蒙卦, 구이九二 〈괘사卦辭〉의 "包蒙吉 納婦吉 子克家", 즉 "몽매한 사람을 받아들여도 길하고 부인을 받아들여도 길하여, 아들이 집을 담당할 수 있다"라는 말에서 나온 표현이다. 어리석은 사람을 포용해 깨우쳐주고 어리석은 부녀의 말도 받아들인다는 뜻이다.

117 여기서 기대승은 개념상 구분되고〔不相雜〕 현실상 분리되지 않는
〔不相離〕 이치와 기운의 관계에서, 퇴계가 개념상 구분되는 관계에
너무 몰두한 나머지 현실상 분리되지 않는 측면까지 나누어 구별하
는 경향이 있다고 지적하고 있다.

118 《성리대전》 권 30, 성리2, 〈기질지성氣質之性〉.

119 《주자대전》 권 61, 서, 〈답엄시정答嚴時亭〉.

120 《대학》 전7장. "所謂修身在正其心者 身有所忿 則不得其正 有所恐懼
則不得其正 有所好樂 則不得其正 有所憂患 則不得其正."

121 《대학장구》 전7장의 주자주. "蓋是四者 皆心之用 而人所不能無者
然一有之而不能察 則欲動情勝 而其用之所行 或不能不失其正矣."

122 《주자어류》 권 16, 대학3, 〈전칠장석정심수신傳七章釋正心修身〉.

123 《주자어류》 권 16, 대학3, 〈전칠장석정심수신〉.

124 기대승의 서간에는 "聖賢之言 固無發端而無竟者 學者尤當…", 즉
"성현의 말은 진실로 단서를 말해놓으면 끝을 맺지 않는 말이 없다"
라고 되어 있다. 그러나 《중용혹문》에는 "知聖賢之言 固有發端而未
竟者 學者尤當…", 즉 "성현의 말은 진실로 발단만 제시하고 결론을
제시하지 않은 것이 있으니, 배우는 이들은 마땅히 더욱…해야 한
다는 것을 알아야 한다"라고 되어 있다. 여기서 기대승의 말은 마땅
히 《중용혹문》의 의미로 해석해야 전후 문맥에 통한다. 따라서 위
와 같이 번역했으며, 이것은 기대승이 잘못 읽은 것〔誤讀〕이 아니라,
단지 잘못 기록〔誤記〕되어 있는 것이라고 할 수 있다.

125 금金나라 학자 원호문元好問(1190~1257)이 지은 시의 한 구절이
다. 외형적인 것을 자랑만 하고, 그것을 실질적으로 만들 수 있는 기
구와 방법 등은 가르쳐주지 않는 것을 의미한다. 여기서 기대승은
주자라는 위대한 학자가 한 후계자(보한경)에게만 밀의密意를 은밀
히 전해준 것이 아니라, 평생의 저술과 이론 정립을 통해 모든 이들

에게 학문을 전했다는 말을 하기 위해 격언처럼 회자되며 비판되는 이 구절을 제시하고 있다.

126 임술년(1562) 겨울의 서간이다.

127 이 세주에서 알 수 있듯이 이 글은 퇴계가 고봉이 보낸 바로 앞의 서간을 받고 개인적으로 비망록처럼 비평해놓은 것을 편집자가 문집에 실은 것으로, 고봉에게 보내지는 않았다. 여기에는 퇴계의 비평과 함께 비평의 대상이 된 고봉의 서간도 병기해 실었다.

128 《주자어류》권 4, 성리1, 〈인물지성기질지성〉.

129 《고문집성古文集成》권 50, 송왕정진편宋王霆震篇, 〈전경집사前庚集四〉, 명명, 〈존성재명存誠齋銘〉·〈병서진기수幷序陳幾叟〉. "천리가 있는 곳은…또한 달그림자와 같으니, 온갖 시내에 흩어져 내려와 있어도 정해진 형상은 나누어지지 않고, 처하는 곳마다 모두 둥글다[天理所在…又如月影 散落萬川 定相不分 處處皆圓]." 성리학의 '이일분수理一分殊', 즉 절대자인 이치는 하나지만 그것의 실현은 다양하다는 것을 나타낸다.

130 이치는 기질의 품부에 따라 다양하게 나타나는데, 이 구절은 '정해진 형상은 나누어지지 않고 모두 둥글다'고 말했다는 점에서 옳지 못하다는 뜻으로 보인다.

131 《주자어류》권 1, 이기상, 〈태극천지상〉.

132 병인년(1566) 윤10월. 이 서간은 기대승이 퇴계에게 보낸 것으로, 《퇴계전서》에는 뒤에 실려 있는 〈거듭 기명언에게 답함〉에 부록으로 실려 있다. 시간 순서에 따라 앞에 게재한다.

133 《주자어류》권 53, 맹자3, 〈인개유불인인지심장人皆有不忍人之心章〉.

134 《맹자》공손추상公孫丑上, 〈인개유불인인지심장〉.

135 《이정문집》권 9, 이천문집, 〈안자소호하학론〉.

136 병인년(1566) 윤10월. 이 서간 또한 앞의 후설과 사정이 같기에 시

간 순서에 따라 여기에 게재한다.

137 《주자대전》 권 67, 〈악기동정설〉.

138 《주자어류》 권 53, 맹자3, 〈인개유불인인지심장〉.

139 《주자어류》 권 53, 맹자3, 〈인개유불인인지심장〉.

140 병인년(1566) 11월 6일. 사단칠정론과 관계없는 앞뒤의 인사말 등은 제외했다.

141 이에 대해서는 다음 글을 참조하라. 진영첩, "Chu Hsi's Completion of Neo-Confucianism", *Chu Hsi: Life and Thought*(The Chinese University Press, 1987), 103~138쪽. 여기서 진영첩은 맹자가 공자에게 붙인 '집대성자'라는 명칭이 다음과 같은 점에서 주희에게 적용될 수 있다고 말한다. ① 신유학의 방향 정립, 이기 관계 명료화, 태극 개념 발전, 인仁 개념 정점, ② 도통 개념 완성, ③ 사서 정립.

142 이에 대해서는 다음 논문을 참조하라. I. Bloom, "Three Vision of Jen", I. Bloom·J. A. Fogel (eds.), *Meeting of Mind: Intellectual and Religious Interaction in East Asia Tradition of Thought*(New York: Columbia University Press, 1997).

143 소유격은 주격으로도, 목적격으로도 해석될 수 있다. 그래서 '이치의 발현'은 '이치'를 주격으로 보아 '이치가 발현한 것'이라고 해석될 수도 있지만, 또한 '이치가 발현된 것[理之所發]'이라고 해석될 수도 있다. '기운의 발현' 또한 '기운이 발현한 것'으로 해석될 수도 있고, '기운이 발현된 것[氣之所發]'이라고 해석될 수도 있다.

144 〈기명언 대승에게 드림〉.

145 〈기명언의 사단칠정은 이치와 기운으로 나눌 수 없다는 논변〉.

146 〈기명언에게 답함: 사단칠정을 논한 첫 번째 서간〉.

147 〈고봉이 퇴계에게 답한, 사단칠정을 논한 서간〉.

148 〈기명언에게 답함: 사단칠정을 논한 두 번째 서간〉.

149 〈기명언에게 답함: 사단칠정을 논한 두 번째 서간〉.

150 〈고봉이 퇴계가 사단칠정을 재론한 것에 대해 답한 서간〉.

151 〈기명언의 사단칠정 후설〉.

152 〈기명언의 사단칠정 후설〉.

153 〈기명언의 사단칠정 총론〉.

154 〈거듭 기명언에게 답함〉.

155 《퇴계전서》 권 13, 〈답정정이答鄭靜而〉.

156 《율곡전서栗谷全書》 권 10, 서2, 〈답성호원答成浩原〉. "若曰互有發用
則是理發用時 氣或有所不及 氣發用時理或有所不及也 如是則理氣有
離合有先後…其錯不小矣."

157 《율곡전서》 권10, 서2, 〈답성호원〉. "若非氣發理乘一途而理亦別有
作用 則不可謂理無爲也 孔子何以曰人能弘道非道弘人乎 如是看破
則氣發理乘一途 明白坦然."

158 《중용강의보中庸講義補》 권 1, 〈주자서朱子序〉.

159 〈고봉이 퇴계가 사단칠정을 재론한 것에 대해 답한 서간〉.

160 횡설橫說은 동시대적 공간상에서 논하는 것이고, 수설竪說은 시간상
으로 논하는 것으로 원래는 학술 용어다. 우리가 일상에서 '말이 두
서없이 왔다 갔다 한다'는 의미로 사용하는 '횡설수설'이란 말은 여
기에서 전의된 것이다.

161 《퇴계전서》 권 36, 〈답이굉중문목答李宏中問目〉.

162 J. Pieper, *The Four Cardinal Virtue*(Indiana: University of Notre
Dame Press, 1966), xii쪽. 황경식, 《덕윤리의 현대적 의의》(아카넷,
2012), 20쪽에서 재인용.

163 아리스토텔레스, 《니코마코스 윤리학》, 이창우 외 옮김(이제이북
스, 2006), 1094a · 1098a.

164 황경식, 《덕윤리의 현대적 의의》, 19쪽 참조.

165 《맹자》2상: 6. "孟子曰 人皆有不忍人之心 先王 有不忍人之心 斯有
不忍人之政矣 以不忍人之心 行不忍人之政 治天下 可運之掌上 所以
謂者 今仁 乍見孺子將入於井 皆有怵惕惻隱之心 非所以內交於孺子
之父母也 非所以要譽於鄕黨朋友也 非惡其聲而然也 由是觀之 無惻
隱之心 非人也 無羞惡之心 非人也 無辭讓之心 非人也 無是非之心 非
人也 惻隱之心 仁之端也 羞惡之心 義之端 辭讓之心 禮之端也 是非之
心 智之端也 人之有四端也 猶其四體也 有是四端而自謂不能者 自賊
者也 爲其君不能者 賊其君者也 凡有四端於我者 知皆擴而充之矣 若
火之始然 泉之始達 若能充之 足以保四海 苟不充之 不足以事父母."

166 I. Bloom, "Mencian Argument on Human Nature(Jen-hsing)",
Philosophy East and West, Vol. 44, No. 1(Hawaii: University of
Hawaii Press, 1994), 31쪽.

167 《논어》2: 3. "子曰 道之以政 齊之以刑 民免而無恥 道之以德 齊之以
禮 有恥且格."

168 《중용》1장. "喜怒哀樂之未發 謂之中 發而皆中節 謂之和 中也者 天
下之大本也 和也者 天下之達道也 致中和 天地位焉 萬物育焉."

169 《중용장구》1장에 대한 주자주. "喜怒哀樂 情也, 其未發則性也 無所
偏倚故 謂之中 發皆中節 情之正也 無所乖戾故 謂之和 大本者 天命之
性 天下之理 皆由此出 道之體也 達道者 循性之謂 天下古今之所共由
道之用也 此言性情之德 以明道不可離之意."

170 《예기禮記》〈예운禮運〉. "何謂人情 喜怒哀懼愛惡欲 七者弗學而能 何
謂人義 父慈 子孝 兄良 弟弟 夫義 婦聽 長惠 幼順 君仁 臣忠 十者謂之
人義 講信修睦 謂之人利 爭奪相殺 謂之人患 故聖人之所以治人七情
修十義 講信 修睦 尙辭讓 去爭奪 舍禮何以治之."

171 《십삼경인득十三經引得》에 따르면, 《사서四書》에서 '이理'라는 낱말
이 나오는 횟수는 다음과 같다. 《논어》에는 한번도 나오지 않으며,

《맹자》에는 일곱 번,《대학》에는 네 번,《중용》에는 단 두 번 나온다.

172 진영첩,〈신유학'이'지사상지연진新儒學'理'之思想之演進〉,《진영첩철학논문집陳榮捷哲學論文集》(Oriental Society, 1969), 29~68쪽.

173 《이정전서二程全書》〈외서外書〉권 11. "吾學雖有所受 天理二字 却是自家體貼出來."

174 《주자대전》58: 14. "理之一字 不可以有無論 未有天地之時 便已如此了也."

175 《주자어류》1: 3. "理無情意 無計度 無造作…若理則只是個淨潔空闊底世界 無形迹 他却不會造作."

176 《주자문집》권 46,〈답유숙문答劉叔文〉. "所謂理與氣 此決是二物 但在物上看 則二物渾淪不可分開各在一處 然不害二物之各爲一物也 若在理上觀 則雖未有物 而已有物之理 然亦但有其理而已 未嘗實有是物也."

177 《논어혹문論語或問》8. "理之所當然者 所謂民之秉彛 百姓所日用者也 聖人之爲禮樂刑政 皆所以使民由之也 其所以然 則莫不原於天命之."

178 《주자대전》권 64,〈답혹인答或人〉. "窮理者 欲知事物之所以然與所當然者而已 知其所以然 故志不惑 知其所當然 故行不謬."

179 소야택정일小野澤精一 외,《氣의 思想》, 김경진 옮김(원광대학교출판국, 1987), 32~33쪽.

180 《맹자》2상: 1. "志壹則動氣 氣壹則動志."

181 《주자어류》1: 13. "理無情意 無計度 無造作 只此氣凝聚處 理便在其中 且如天地間 人物草木禽獸 其生也莫不有種 定不會無種 天地生出一個事物 這個都是氣 若理則只是個淨潔空闊底世界 無形迹 他卻不會造作 氣則能醞釀凝聚生物."

정도원, 《퇴계 이황과 16세기 유학》(문사철, 2010)

저자의 박사 학위 논문을 보완한 저작이다. 16세기 유학사의 과제와 퇴계의 문제의식에서 출발해 퇴계 철학의 여러 주제들을 심도 있게 다루고 있다. 특히 퇴계 철학에서 문제가 되는 이치의 동정과 심통성정, 경개념을 통한 본원의 함양과 인극의 정립, 이단변척과 퇴계 철학의 사상사적 의의 및 영향을 잘 기술하고 있다.

송래희 엮음, 《성리논변—개념과 논변으로 본 조선 성리학》, 정성희·함현찬 옮김, 오석원 감수(심산, 2006)

조선 말기 성리학자인 금곡錦曲 송래희宋來熙(1791~1867)가 편찬한 《성리논변》을 역주한 책이다. 총 10권으로 이루어져 있고, 《논어》, 《맹자》, 《대학》, 《중용》, 《서전》, 《주역》, 《춘추》의 주요 구절에 대한 성리학적 문답을 발췌해 실었다. 북송 오자 및 주자, 그리고 한국의 주요 성리학자들의 성리논변을 잘 정리해놓은 수준 높은 성리학 원전이라 할 수 있다.

예문동양사상연구원·윤사순 엮음, 《퇴계 이황―한국의 사상가 10인》(예문서원, 2002)

퇴계의 생애와 퇴계 사상 연구의 자취를 추적하는 것으로 시작해, 2부에서는 퇴계 사상의 기본 구조를 자연관, 인간관, 학문관, 사회사상, 예학사상으로 나누어 고찰한다. 3부에서는 사단칠정론과 대설·인설의 의의, 존재와 당위에 대한 퇴계의 동일시, 그리고 퇴계의 《심경부주》 연구, 《경재잠도》와 거경수양론, 《자성록》을 통해 본 퇴계의 위학방법론을 다룬다. 마지막으로 부록으로는 퇴계 관련 연구물 목록이 실려 있어 참고할 만하다.

정우락, 《남명과 퇴계 사이》(경인문화사, 2008)

국문학도인 저자가 경상 좌도와 우도에서 서간으로는 서로 그리워하면서 차원 높은 정신적 사귐을 강조했으나 내적으로는 상당한 경쟁 관계에 있었던 남명과 퇴계의 문학적 이해를 도모한 책이다. 1장에서는 남명과 퇴계를 이해할 바탕을 제시했고, 2장에서는 남명과 퇴계의 시적 상상력의 같고 다른 점을 살폈다. 3장에서는 남명과 퇴계의 정체성을 서늘함과 따뜻함으로 읽으려 했고, 마지막 장에서는 내암 정인홍이 퇴계를 공박하며 시작된 남명학파와 퇴계학파의 갈등을 다루었다.

이상익, 《영남성리학연구》(심산, 2011)

영남성리학을 학문적으로 구명한 수준 높은 연구서이다. 서론으로 영남성리학의 주요 논제들과 전개 양상을 제시했고, 서장에서는 퇴계 성리학과 퇴계학의 본령을 다루었다. 2장부터 9장까지는 영남학파의 주요 인물들의 성리학 사상을 탐색했으며, 10장에서는 다산 정약용의 퇴계와 율곡에 대한 인식과 성리학의 해체를 다루었다. 그리고 마지막 결론으로 퇴계설과 율곡설의 회통/양립의 문제를 다루었다.

민족과사상연구회 엮음, 《사단칠정론》(서광사, 1992)

조선조 권근에서 시작해 정지운, 퇴계, 고봉, 율곡, 김장생, 여헌, 백호, 우담 등 조선조 주요 성리학자들의 사단칠정론을 여러 학자들이 나누어 집필했다.

한국사상연구회, 《조선유학의 개념들》(예문서원, 2002)

조선 유학의 주요 개념을 여러 학자들이 일목요연하게 잘 정리했다. 1부 자연편에서는 태극, 이기, 음양오행, 귀신, 천지, 천인지제를 다루었다. 2부 인간편에서는 본연지성/기질지성, 심통성정, 인물지성, 사단칠정, 인심도심, 미발이발, 지각을 다루었다. 3부 학문편에서는 함양성찰, 격물치지, 지행, 경사, 도문, 이단, 도통을, 그리고 4부 사회편에서는 도의예, 경장, 붕당, 정전, 중화 등의 개념을 설명했다.

이승환, 《횡설과 수설》(휴머니스트, 2012)

400년간 이어온 조선조 성리 논쟁에 대한 분석적 해명을 시도한 책이다. 저자는 여기서 두 개의 수수께끼, 즉 퇴계학파와 율곡학파 간의 성리 논쟁이 왜 합의에 이르지 못했는지, 그리고 남명의 《학기유편》의 성리학 도표들이 과연 남명의 것인지에 대한 해결을 시도했다. 그는 이른바 횡설과 수설이라는 기호학적 프레임으로 퇴계학파와 율곡학파의 화해를 시도하고, 정복심의 《사서장도》의 발굴을 통해 남명의 《학기유편》의 원저자를 탐색했다. 많은 논쟁을 야기할 수 있는 근자의 문제작이다. 하지만 현대 심리 철학에 비추어보면 이 책의 저자가 사용하는 분석 도구 및 개념들은 크게 창의적인 것이 못 된다.

율곡 이이, 《답성호원》, 임헌규 옮김(책세상, 2013)

퇴계와 우계의 인심도심 논쟁을 번역하고 상세한 해제를 제시한 책이다. 퇴계와 우계의 사단칠정 논쟁을 접하고 흥미를 느낀 독자라면 그 연장선상에서 이 책을 보면서 퇴계와 또 다른 율곡의 철학을 접하는 기쁨을 누릴 수 있을 것이다.

옮긴이에 대하여

임헌규 904lim@kangnam.ac.kr

경북 의성 출생으로 경북대학교에서 신오현 선생의 지도로 철학에 입문하고, 서울대학교 대학원(서양철학, 석사), 한국학중앙연구원 한국학대학원(동양철학, 석사·박사), 미국 하와이대학교(동서비교철학), 유도화 부설 한문연수원 장학생반(3년) 등에서 공부했다. 현재 강남대학교 철학과 교수로 재직 중이며, 동양고전학회 회장,《동방학》편집위원장 등을 역임했다.

저서로《한자 원리와 개념으로 풀이한 논어》(상·하),《한자 원리와 개념으로 풀이한 노자》,《3대 주석과 함께 읽는 논어》(1~3권),《유교 인문학의 이념과 방법》,《공자에서 다산 정약용까지》,《주자의 사서학과 다산 정약용의 비판》,《유학자가 풀이한 노자 도덕경》,《유가의 심성론과 현대 심리철학》,《노자 도덕경 해설》,《소유의 욕망, 이利란 무엇인가》,《노자, 도와 덕이 실현된 삶》등이 있다. 역서로는《원유》(상·하),《노자 철학 연구》,《장자: 고대 중국의 실존주의》,《주자의 철학》,《노자》,《인설》,《답성호원》,《후설의 현상학》,《하버마스 다시읽기》,《현대유럽철학의 흐름》,《데리다와 푸꼬, 그리고 포스트모더니즘》등이 있다. 유가와 도가의 형이상학과 심성론 및 동서비교철학을 주제로 약 120여 편의 논문을 발표했다.

사단칠정을 논하다

초판 1쇄 발행 2014년 8월 25일
개정 1판 1쇄 발행 2023년 5월 12일
개정 1판 2쇄 발행 2024년 12월 20일

지은이 이황 · 기대승
옮긴이 임헌규

펴낸이 김준성
펴낸곳 책세상
등록 1975년 5월 21일 제2017-000226호
주소 서울시 마포구 동교로23길 27, 3층(03992)
전화 02-704-1251
팩스 02-719-1258
이메일 editor@chaeksesang.com
광고·제휴 문의 creator@chaeksesang.com
홈페이지 chaeksesang.com
페이스북 /chaeksesang   트위터 @chaeksesang
인스타그램 @chaeksesang   네이버포스트 bkworldpub

ISBN 979-11-5931-951-8 04080
　　　 979-11-5931-221-2 (세트)